# 亲历世界出版50年

## 理查德·查金自传

国际出版商协会主席

MY
BACK
PAGES

An Undeniably Personal History of Publishing

50年

Richard Charkin
Tom Campbell

[英]理查德·查金 [英]汤姆·坎贝尔 著

译 —— 蔡漾潇

中国青年出版社

# 目录

# 邬书林先生序

读我的老朋友查金先生《亲历世界出版 50 年》，像和他面对面交流一样，能在轻松、自然、真诚的气氛中感受到他的睿智与严谨。这本书与其说是作者个人传奇职业生涯的回忆录，不如说是过去 50 年（1972—2022）世界出版业发生的真实故事。它可作为过去 50 年世界出版的信史去读。正如本书英文原版副题强调那样，是"不可否认的个人出版史"（AN UNDENIABLY HISTORY OF PUBLISHING）。阅读此书我们可以像亲历出版历史那样，感受 50 年来世界出版业的理念、技术、工艺、经营管理、企业文化以及出版业内部和外部环境的深刻变迁，感受一位严肃的出版工作者如何与时俱进，在推动出版创新与发展的同时，坚守出版的功能，为之奋斗、乐在其中、功成名就的历程。本书给我留下以下几个深刻印象：

一是丰富多彩的人生和辉煌的出版业绩。世界出版通常分为三大板块，即大众出版、教育出版和学术出版。这三大领域通常有不同的出版理念、不同的定价方式、不同的销售模式和不同的管理方式。50 年间，查金先生几乎从事了三大出版领域的所有重要出版和管理工作。查金先生 1972 年从剑桥大学毕业后，入职乔治·哈拉普（George G. Harrap）出版公司，开启了他的职业生涯。最初几年从事的是大众出版。此后，他分别在牛津大学出版社、里德爱思唯尔集团、当代科学出版集团、麦克米伦出版公司、布鲁姆斯伯里出版公司等多个大型出版企业担任高管。在牛津大学出版社，他和同事主持完成了《牛津英语词典》的数字化转型并取得了巨大的商业成功。在布鲁姆斯伯里出版公司出版了 J.K. 罗琳享誉世界的《哈利·波特》系列。在麦克米伦公司，他和同事推动了《自然》杂志的发展，顺应学术出版的理念变革，探索了公开获取（OA）环境下期刊出版的盈利模式。

查金先生曾任国际出版商协会、英国出版商协会，以及知名图书俱乐部——图书协会的主席，也是法兰克福书展国际顾问委员会委员、利物浦大学出版社和板球知识产权公司的非执行董事。查金先生目前担任 Nkoda 音乐公司顾问，并经营自创的出版公司门施。他同时在伦敦传媒学院、伦敦城市大学和伦敦大学学院担任出版专业客座讲师。

查金先生所历经的每一个重大抉择、所推动的每一项出版创新，都深深烙上了时代的印记。无论是大众出版、教育出版、学术出版，还是科技期刊的崛起，他都秉持"守正出新"的理念，在传统与变革之间寻求平衡与突破。查金先生取得这样的成就与他广泛的教育背景有关：他在剑桥大学三一学院获得自然科学硕士学位，曾是哈佛商学院高级管理项目的学员，还是牛津大学格林坦普顿学院的特聘研究员。

二是尊重历史，准确记录了50年来世界出版业的深刻变迁。在本书英文版的序言中，查金先生明确指出："出版业近50年发生的变化，可以说比再往前500年还要多。我本人有幸参与其中，见证了许多重要时刻。"他坦言，在本书中，他"想突出的是行业内的重大变化：决策的重要性，技术的影响，团队的组织和一些重要人物的举措"，他做到了。本书不仅是一部关于出版人的职业回忆录，更是对全球出版业过去半个世纪风云变幻的深刻洞见与思考。半个世纪的世界出版，经历了技术的革新、市场的洗礼、文化的交融。从手工排版到数字出版，从本地出版到全球传播，出版人不仅推动了知识的交流与普及，也见证了文明的进步与科技的发展。查金先生以其50年的从业经历，用翔实的内容、生动的笔触，饱含文化情怀地为我们勾勒了一幅跨越传统与现代、融合技术与文化的出版业发展画卷，为出版人提供了珍贵的经验借鉴与思想启迪。

在过去的半个世纪里，他在科学、技术和医药出版（STM），教育出版，数字出版，大众出版，少儿出版等多个领域为家族企业、公共企业、大学企业和初创企业工作过。这位天赋异禀的出版人，在这本回忆录中透过自己的出版经历，记录了英国乃至全球出版业的深刻变化，还通过生动有趣的故事，让读者领略到英国的政治、经济、历史、文化和社会风貌。这些故事不仅是查金先生个人的出版实践，也是一个个生动的出版和商业案例，是出版业的变革与繁荣的见证，为全球的业内人士提供了专业的指导和借鉴。

三是关注中国出版业与世界出版业的合作与交流，展现了作者宽广胸怀与视野。查金先生曾担任英国出版商协会主席和国际出版商协会主席。他高度重视中国出版业和世界出版业的交流与合作，并且贡献良多。在中文版序言和本书第9章中，查金先生有详细的记述，我不再赘述。

这里讲两件我印象特别深刻的事。一件是，正如他在中文版的序言中满怀深情表述的那样："对我来说最大的荣誉莫过于2017年获得的'中华图书特殊贡献奖'，在我的职业生涯中很少有什么事情能比获得这个奖时的激动心情，以及这项荣誉的尊贵和重要性相提并论。"另一件是他为中国版协加入国际版协所做的贡献。由于国际出版界对中国出版业的缺乏了解和少数人的偏见，在2015年之前的30多年中，中国版协加入国际版协的申请未得到应有的尊重和受理。查金先生担任国际版协主席后提出："全球第二大出版国都不是协会的成员，国际出版商协会怎么能称自己国际化？"此后，他为中国版协加入国际出版商协做了大量工作。2015年，我率团赴德国法兰克福参加国际出版商大会，就中国加入国际版协做了陈述，围绕中国的版权保护和出版自由等问题进行了坦诚的辩论，得到了绝大多数国际版协成员的支持，他们高票赞成中国版协成为国际版协的成员。正如查金先生所说："2015 年以后，中国出版协会是国际出版商协会非常活跃且十分重要的成员，在国际版协下属的几个重要委员会都有其委员，中国版协的声音也得到了倾听和尊重，我同时认为中国出版界因此对西方出版产业有了更加深入的了解，这对东西方文化和科学领域信息更大量、更自由地流转来说是必要的。"特别值得重视的是，查金先生还期待："随着出版业面临大语言模型和人工智能在技术和法律方面的挑战，中国将在确保这些技术带来益处、消除弊端等方面起到主导作用。"毋庸置疑，中国版协和国际版协加强交往，有利于世界出版业的繁荣与发展。

四是众多的出版趣闻，以及英文版书名画龙点睛地彰显出版人的深厚文化底蕴。比如，查金先生在书中信笔提及他遇到的许多名人轶事，如麦当娜、杰弗里·阿切尔、罗伯特·麦克斯韦尔、保罗·汉姆林、穆罕默德·法耶德等，有的令人忍俊不禁，有的令人拍案称奇。又比如他在牛津大学出版社工作期间，发现了懂 40 国语言的印刷厂校对人员，发挥该员工的才华后，给出版社又带来意想不到的文化成功。尤其是读到查金先生用优雅、风趣、幽默的笔调和双关语，讽刺出版业遇到的各种各样的非理性挑战时，每每令人哑然失笑又惺惺相惜。

如果对照英文本读，会获得更多的知识和乐趣。本书英文名巧妙地借用了诺贝尔文学奖获得主鲍勃·迪伦的一首著名歌曲 MY BACK PAGES，这首歌歌名翻译为《辉煌岁月》或者《我的昨天》。歌中表达了迪伦那种"纵有重重陷阱，我仍然翻越前行"的不畏艰险、勇往直前的奋斗精神和一定要到达彼岸的追求。当我写完最后一行字时，我情不自禁地再次欣赏迪伦的这首歌。当听到歌中反复出现的那句"啊！昔日我曾苍老，而今却风华正茂"（Ah but I was so much older then, I'm younger than that now）的歌词时，我想，这不正是世界出版人不忘文化初心，坚持与时俱进，永葆出版朝阳产业的辉煌的生动写照吗？

是为序。

## 理查德 · 查金先生中文版自序

正如副书名所写的那样，这本书回顾了全球出版产业从1972年至今的发展历程。它以寓教于乐的形式，为出版界的每个人以及相关行业的人——作者、图书馆员、书商、印刷厂和技术供应商而写。这本书试图将主要出版市场——虚构、非虚构以及少儿读物、基础学段和高等教育的教材、科学期刊、数据库等囊括在6万字[1]以内！所以，我们不得不压缩各国出版市场的篇幅，但这本书的中文版让我们能够更深入地阐述中国出版市场的重要性。

20世纪70、80年代，英语出版商开始意识到，在传统的北美和英联邦国家之外还有其他的出版市场。随着英国与欧洲大陆的联系越发密切，许多欧洲国家要求儿童从小学习英语，欧洲成为开放的英语图书市场。在遥远的东方，日本逐步成为英文版学术图书、期刊和参考书的强大市场。

---

1　英文原书共计6万余字。本书注释皆为译者注。

到了 1992 年，一切开始发生转变——中国政府签署了《伯尔尼保护文学和艺术作品公约》（*Berne Convention for the Protection of Literary and Artistic Works*），紧接着又签署了《世界版权公约》（*Universal Copyright Convention*），9 年后中国成为世界贸易组织的正式成员。这一时期恰逢中国创造出巨大的经济奇迹——它成长为世界经济和文化大国。全球出版商不得不关注这一点。

绝大多数情况下，商业是驱动力。中国的大学数量和规模不断增长，因此需要更多来自世界范围的学术信息。全球科技出版人乐见他们的期刊和图书有了一个不断增长的新兴市场（尤其是日本市场的增长在某种程度上停滞不前时）。在强大的版权制度保护下，加之中国充满活力的经济，西方出版商开始在中国的部分城市成立子公司。与此同时，由于教育是中国政府开明政策的核心，中国出版机构尤其是教育领域的出版机构也在蓬勃发展。

对我而言，有几件大事。

第一件大事是在 2001 年给《自然》（*Nature*）杂志东亚区销售经理下达 100 万英镑的年销售目标。我们认为这是一个难以完成的任务，但他轻松达成。施普林格·自然集团（Springer Nature）现在在多地有了分支机构和大量中国员工，销售额比我们预估的多了 100 倍。

第二件大事是我和麦克米伦的国际教育总裁白德信（Chris Paterson）的一次探索。他一直在与外语教学与研究出版社（简称外研社）探讨，想要研发一套针对中国全学段的英语学习系列教材。我们和外研社当时的杰出出版人李朋义达成了协议，此后销售了超过 6 亿册的《新标准英语》（*New Standard English*），它至今依然是同类产品中市场份额最大的占有者。

除了商业进展之外，第三件大事是遇到郭光先生。他当时是位于伦敦的中国青年出版社（英国）国际有限公司（简称中青国际）的负责人。中青国际致力于出版文化艺术类大型画册，我完全被其高品质折服。郭先生和我成了亲密的朋友和商业伙伴，这也给我带来了许多在中国的奇遇，包括有前瞻性的"中国艺术在线——中国文化艺术国际传播数据库"项目。

2014 年，我当选国际出版商协会（国际版协）主席。该协会是一个支持各国出版商协会和相关实体的伞形组织。我们在代表全球出版界这一点上有个明显的缺漏——由邬书林等一批出版管理专家参与领导的中国出版协会（简称中国版协）不是协会成员。我问自己，全球第二大出版国都不是协会成员，国际版协怎么能声称自己国际化？我在这本书里（第 9 章）描述了我们为纠正这种情况所克服的困难和解决的问题。中国版协现在是国际版协非常活跃且十分重要的成员，在国际版协下属的几个重要委员会都有其会员，它的声音也得到了倾听和尊重。我同时认为，中国出版界因此对西方出版产业有了更加深入的了解，这对于东西方文化和科学领域信息更大量、更自由地流动来说是必要的。虽然我已经不直接参与国际版协的事务，但是我仍在帮助其和中国版协关系积极发展，并促进双方的理解和沟通。

对我来说，最大的荣誉莫过于 2017 年获得的"中华图书特殊贡献奖"，颁奖人是时任中共中央政治局委员、国务院副总理的刘延东女士。在我职业生涯中，很少有什么事情能与获得这个奖时的激动心情，以及这项荣誉的尊贵和重要性相提并论，因此我对推荐我的中国朋友和同事一直心怀感激。

上述改变发生以来，中国本土市场的虚构和非虚构类出版物在体量、质量和创造力上都呈爆炸式增长。民营出版商和国有出版企业共同繁荣，竞争带来了装帧设计、出版速度、发货和销售等方面的进步。但是，出口销售量和作品外译数量仍有待提高，刘慈欣的《三体》三部曲是少有的成功案例之一。

另外，中国的科研已经有了实质性的进步，全世界的科学出版商已经无法忽视中国科学知识产权的输出，出版中国的科研论文已成为他们盈利并可持续发展的先决条件。中国的论文在全球影响因子指数上取得了非凡的成绩，我们没有理由认为这一趋势会消散。

随着出版业面临大语言模型和人工智能在技术和法律层面带来的挑战，中国将毫无疑问在确保这些技术带来益处、消除弊端等方面发挥主导作用。这些是全球性问题，而不是国家的问题。好在中国出版现在是世界出版的一部分了。

祝您阅读愉快！

# 理查德·查金先生英文版自序

出版业近 50 年发生的变化可以说比再往前数 500 年还要多，我本人有幸参与、见证了许多重要时刻。第一次向我建议写这样一本书的是一位慷慨大度的讲师，他当时正带着学生上我的出版课。在写作过程中，我尽力还原、描绘这 50 年出版业的图景。我想突出行业内的重大变化：决策的重要性、技术的影响、团体组织的作用和一些重要人物的举措。

很多人将一生奉献给了出版业，从这一点上来说，我和他们一样。我职业生涯的独特性在于我的广泛经历以及与我共事的人。这本书也反映出我从没正经八百地给自己制定过职业规划——在过去 50 年，我几乎在所有的出版领域工作过：大众图书、虚构和非虚构类读物、学术和科技出版、期刊、医学教材、儿童文学、教育出版、词典和参考书。在此过程中，我为之工作、与之合作过的有受人尊敬的机构、家族企业、上市公司和创业公司。我也经历了一波又一波徒有虚名的技术热潮和货真价实的变革性创新。

同时，我的足迹遍及世界，与优秀的出版人共事。在我到过的每一个地方、为之工作过的每一个公司，我都遇到了我所热爱并为之兴奋的事物。

我想尽量不让这本书过于个人化，多讲故事而不是突出我自己。但我没有做到，这并不是我勤勉的合作者汤姆·坎贝尔（Tom Campbell）的问题，也并非我自己不够努力，而是将我的职业生涯和出版业发生的变化割裂开来实在非常困难。如果我以完全客观的视角写这本书，它会和其他讲述出版史的图书一样，变得无比冗长，比我剩余的工作年限还要长！所以就是它了，不隐瞒任何缺陷（数量可不少！）。作为一位业余史料作者，我只希望现在和未来的出版人与商业史学家能够从拙作中发现一两点有价值的借鉴。

第一章

# 20 世纪 70 年代的英国出版文化

1972年的理查德・查金（Richard Charkin）。

1972 年 1 月，我入职了位于高霍尔本街 182–184 号的乔治·G. 哈拉普（George G. Harrap）出版公司，开启了我的职业生涯，这里到大英博物馆只需要步行 5 分钟。我不记得有没有特别添置新衣服，但第一天上班我应该穿了一身深色西服，打了黑色领带，脚踩一双黑色皮鞋——男士办公标配服装。除了不需要戴圆顶礼帽之外，我这身打扮和在伦敦金融城工作的人或者政府职员并无两样。那时，我刚从大学毕业半年，烫了扫肩"犹太爆炸头"，这在当时也很常见。

我住在南肯辛顿区一间蟑螂肆虐的地下公寓里（这地界如今可值钱了），每天坐皮卡迪利线地铁上下班。那年发生了"血色星期日"[1]事件，码头工人和矿工的罢工时有发生，英国经历持续的高通胀，英镑兑换美金的汇率达到 2.65 美元峰值（这是寄希望于北海油田所致）。首相爱德华·希思（Edward Heath）正在为使英国加入欧洲经济共同体进行谈判交涉。

---

1　英文为 Bloody Sunday，它是指 1972 年 1 月 30 日在英国北爱尔兰伦敦德里市的博格赛德（Bogside）地区发生的，英国伞兵向正在游行的市民开枪，造成 14 人死亡、13 人受伤的事件，包括记者和旁观者在内的很多人证明当时遭到枪击的人都没有携带武器。

同年，英国出版行业的大事有：阿加莎·克里斯蒂（Agatha Christie）的倒数第二本小说——有关大侦探波洛的书即将出版，约翰·伯格（John Berger）将他布克奖的一半奖金捐给了黑豹党（Black Panthers）……最引起轰动的莫过于理查德·亚当斯（Richard Adams）的《兔子共和国》（*Watership Down*）[1]。这本书和其他著名作品一样，出版过程都不寻常。亚当斯被所有的主流出版公司拒绝，直到一位朋友向他推荐了雷克斯·柯林斯（Rex Collings）。柯林斯原来是牛津大学出版社的编辑，后来成立了自己的公司，专注于出版非洲文学。这是一本关于会说话、有心灵感应的兔子的处女作。柯林斯决定赌一把，结果大获成功！但柯林斯无力支付多次重印的高昂成本，因此将版权卖给了企鹅出版社（Penguin Books），而他则能够继续专注于出版非洲诗歌和文学，并将诺贝尔奖得主沃莱·索因卡（Wole Soyinka）等主要作家的作品带到了欧洲。

　　与此同时，在世界上的其他地方发生了一些大事：尼克松总统即将对中国进行国事访问，游戏公司雅达利成立，首个工作电子邮件网络进行测试。1972 年下半年，口袋计算器开始在英国上架销售。但这些只是未来的一些小征兆，在我当时加入哈拉普时，它看起来与一个世纪前的出版社没有任何不同。

　　我上班的第一天和后来的每一天，我都是从后门进公司的，

---

1　音译名为《沃特希普荒原》。

只有作者和高层管理人员才能走正门。进门后就会发现，这家公司所在的楼是多么破旧且杂乱无章。哈拉普占据了这栋楼的 5 层，办公室的分布是根据楼的原始格局来的。楼里有一部很诡异的货梯，所以大多数人愿意走摇摇欲坠的楼梯，楼梯表面铺着一种叫"战列油地毡"的耐用材料，现在已经很少见了。至少在最初的几周里，我经常会迷路。从墙壁的泛黄程度能看出它吸附了一个世纪的烟油！包括我在内的大约 80 名员工，几乎每个人都在工作时吞云吐雾。这栋楼在 20 世纪 80 年代整体重建，一直是阿拉伯出版社（Arab Press House）的所在地，隔壁是泰晤士和哈德逊出版社（Thames & Hudson），不远处是费伯（Faber）、布鲁姆斯伯里（Bloomsbury Publishing PLC）、邦尼（Bonnier）和其他几家出版公司，因此这栋楼所在地一直属于出版区。

地面层的大部分空间被库房占据，印厂在此交货——几乎所有的书都在库房存放并从这里发货。交易柜台就在库房的墙边。和建筑开发商一样，书商无须预约，直接到柜台选书、下订单、现场提货，或晚些将图书寄给他们。通常，大众图书的批发价是 7 折，教育类图书的批发价是 8.25 折。柜台由一名仓库工作人员负责，他烟不离口，在复写纸上开具手写发票，原件给对方，复写联存档。

二楼是整个公司的"心脏"——文案编辑部。这个部门有 10 人左右，大多数（在当时的我眼中）都是上岁数的男性，只有一两位年轻的女性。他们一起办公、一起吃午餐、一起去酒吧。

资深文案编辑布莱恩·格拉汉姆（Brian Graham）被视为全公司真正不可或缺的一员。他的椅子放在一个基座上，永远比别人高，这样他就能够更好地观察他的下级，以体现他在部门中的地位之高。毋庸置疑，布莱恩是部门"老大"。最资深的文案编辑要数罗伊·明顿（Roy Minton）了，他的父亲曾在哈拉普公司工作了50年。遗憾的是，罗伊在那里工作到第49年的时候被解雇了，他们父子只差一点儿就为公司奉献满1个世纪了。

当时还没有如今"开放式办公室"的概念。我和其他几位编辑及一位助理在大楼顶层共用一个阁楼改造的办公室。我确实有一部座机，或者说办公室里有一部，但我们被要求尽量少用电话。公司希望大家尽量下午打电话，因为话费便宜些。那时候国际长途几乎闻所未闻，我本人从来没有打过。我家里有一台打字机，但是我不会打字。这其实是很正常的。如果我能够熟练打字的话，肯定会与众不同，毕竟连当时的编辑都不能熟练操作打字机。在大学期间，我所有的论文都是手写的，从没用过打字机。公司后来给我配了一名打字员，或者说我有权使用公司的打字小组。这个小组的规模和文案编辑部相同，但全部是女性。我一般手写信件和备忘录，或者口述给其中一位助理，不到一个小时，这些内容就可以被打出来了。

和如今的编辑一样，我的大部分时间都在和作者打交道，只不过那时是通过邮寄信件的方式。我入职几周后，一位高级经理找我谈话，表示对我的工作不满意。直到那时我才注意到收发室里有如同鸽笼一般的信报箱格，我的信件全部投到我的小格子里了，根本不会送到我的办公室。我早就应该意识到的，毕竟我在剑桥大学的学院 300 年来一直用这种方式！那时候没有复印机，如果一封信有多位收件人，那么需要用复写纸复写再分发。在现在这个电子邮件盛行的时代，我们才逐渐意识到过去那种方式的好处，就是能严格控制信件的副本量，只有必要的人掌握必要的信息。随时随地抄送经理、让团队每个人都了解情况、及时反馈信息等做法是很久之后才出现的。由于复写非常耗时，所以只有在极其必要的时刻才会这样做。

我在哈拉普工作的第二年感受到越发浓厚的维多利亚时代的风气[1]。那时开始实行每周上 3 天班的工作制。1973 年冬天，面对矿工的罢工，首相爱德华·希思的政府孤注一掷实行限电措施。所有"非必要"行业每周只能有 3 天的能源消耗，很遗憾但可以理解的是，哈拉普公司也被认为是"非必要"的。那段日子很奇怪，但也算不上不快乐——办公室用蜡烛照明、晚上所有建筑物都不亮灯、全国[2]车辆限速标准降到 55 英里 / 小时（1 英里约 1.61 千米）。

---

1  这里指的是古老、过时的氛围。
2  书中全国指的是英国。

## 小编的日常

公司招聘我作为科技出版助理编辑纯粹是因为我专业对口，而且是应届毕业生，人力成本低。哈拉普公司没有实习期，对学历没有要求，也不需要有出版行业相关经验。我甚至都没在书店工作过，家族也没有从事出版或相关行业的，但这是进入这个行业的传统路径。1972 年 1 月之前，我与出版最接近的经历是在《海麦克脱》（*Haymarket Magazines*）杂志收发室做学生暑期工作，但只干了几周，迈克尔·赫塞廷（Michael Heseltine）就把我开除了，原因是他认为我和他太太聊天聊得超越了一般友谊！

**Assistant Editor**

Young Scientific Assistant Editor required to process London publisher's science and mathematics list. Must be capable of editing MSS to a high standard and of dealing with authors and proofs with the minimum of supervision. Salary £1200-£1500 p.a. Please apply to Ron Hawkins at Harrap, 405 9935.

助理编辑

科技出版助理编辑需要梳理伦敦出版商所出版的与科技和数学有关的出版物名录；对稿件进行编辑加工，保证其质量可达到出版水准；与作者沟通；处理校样。上述工作需要高度自律，在较少的监管下高质量完成。年薪 1200~1500 英镑。有意者请联系哈拉普公司的罗恩·霍金斯，联系电话：405 9935。

*《书商》杂志（The Bookseller）的一则招聘信息开启了我的职业生涯。*

加入哈拉普意味着我成为英国记者工会（National Union of Journalists）的会员，这是成为记者的先决条件。也正因如此，我做出了人生中第一个职业选择。这是当初选择哈拉普的主要原因。我在离开哈拉普的时候已经被选举为我所在片区的工会谈判代表了，我所有的同事几乎都是工会会员。我们经常在酒吧召开会议，也会有工会领导定期来访，为当下的争议和谈判提供建议和监管。那是一个高通胀和政府强制限制薪酬的年代，因此工会代表和工会高层保持沟通是普遍现象。

当初是资深文案编辑罗恩·霍金斯（Ron Hawkins）面试并录用了我。我印象中公司没有人力行政部、后勤部、信息技术维护部门，会计、财务、运维、法务等工作人员寥寥无几。董事会成员里没有财务总监，公司也不设首席财务官——那时其他出版公司也没有这个岗位。在现代公司里，首席财务官的地位可是和首席执行官同等重要。事实上，公司连真正意义上的首席执行官都没有。保罗·哈拉普（Paull Harrap）（我们都管他叫"保罗先生"而不是"哈拉普先生"，因为他的名字 Paull 有两个"l"，不太常见）的角色最接近首席执行官，但是他背后有更有影响力的人，我们都不知道是谁。我甚至不知道这个公司有没有董事会。这里没有营销推广部，据我所知，那时候所有的出版公司都没有，只有两个销售团队（分别负责学校渠道和书店渠道）和几位宣传推广人员，负责制作书目并进行少量的营销推广工作。当时并没有"营销策略"这个概念。

我入职哈拉普的时候年薪 1200 英镑，外加午餐券补助，午餐券够我在公司附近咖啡馆买一个西班牙蛋馅三明治。一般情况下，公司能给员工补助的最大限额是每周 5 天、每天 3 先令（1 英镑等于 20 先令，1 先令等于 12 便士）。这项补助是免税的。1972 年，英国男性的平均年薪不高于 2000 英镑，女性不高于 1100 英镑。这样看来，我出校园的第一份工作收入并不低，足够我下班后的社交生活了。当然，如果把通货膨胀的因素考虑进去，和如今的起薪相比，还是略低。这些年发生根本性变化的是伦敦的房地产市场。那时候还没有学生贷款，我能靠工资在伦敦市中心租一间房，不用搬回家和我母亲住在一起。

　　现在看来，那时候我的薪酬福利中最不可思议的一项是公司给我配了一辆莫里斯·玛丽娜——英国利兰汽车公司生产的最差的车之一。更不可思议的是，我当时竟然真的会时不时开着它上班，还把它停在位于伦敦市中心的办公室附近。除通勤之外，这辆车别无他用。20 世纪 70 年代确实很流行公司给员工配车，因为那时所得税很高，所以这也算是员工福利了。除了偶尔拜访签约作者之外，我确实不需要用车。结婚以后，我太太开这辆车的时间比我都长。

　　我的"部门经理"（那个年代没有这种叫法）是帕特里克·海沃斯（Patrick Heyworth），分管教育出版，但他从没面试过我。海沃斯喜欢"放手管理",大家经常能在嘉里克俱乐部[1]碰到他。在一些特殊的日子,他会在那里招待他手下的年轻编辑,而且总让我们一行人打一辆出租车去,虽然步行一会儿就可以到。他对于公司业务没有太大兴趣,但是至少他会努力确保我们的收入跟得上通胀的脚步。海沃斯平时过得比较"养生",只要一有机会,立马就去法国南部度假。

在工作方面,海沃斯从未认真教过我哪些领域属于科学出版的范畴——生物学、化学、物理、工程和数学都包括在内。医学其实也在科学出版的范畴中,只不过大家对此理解较为模糊,从未明确划分过。市场也没有细分:我负责"大众读物"(那时还没有"科普"这一专有名词)、中小学和大学,以及其间涉及的所有渠道。作为一名年仅22岁的编辑,我有很多机会试错,可以出版任何和科学有关的、我认为能盈利的图书。这确实叫科学出版,但其实一点都不科学。

这份工作为年轻编辑带来了很多发挥主观能动性的机会。我入职几个月便收到美国出版社寄来的艾萨克·阿西莫夫(Isaac Asimov)编著的词典《科技名词探源》(共两卷)(*Words of Science and More Words of Science*)[2]。我引进了这套书,但是认

---

1 Garrick Club,自 1831 年起就坐落于伦敦的心脏,是现存世界上最古老的英国上流会员俱乐部之一。从亨利·欧文等舞台剧演员,到查尔斯·狄更斯、H.G. 威尔斯等名人作家,再到但丁·加百利·罗塞蒂等画家,文艺界的精英均荟萃于此。

2 原书名为 *Words of Science* 和 *More Words of Science*。中文版将两书整合为一本,译名为《科技名词探源》,1985 年由上海翻译出版公司出版。

为合为一本在英国出版效果更好。罗伊·明顿负责制作，我们重新排版，并简单以原第一卷书名命名了英国的合订本。但是由于首印仅5000册，印制成本很高，导致这本书的英国版定价过高。不这样做，公司就会亏本。就在这时，我找到了我的前同事迈克·奥马拉（Mike O'Mara），那时候他刚刚加入图书俱乐部代理公司（Book Club Associates）[1]，他建议首印1.5万册以保证利润。他本人为图书俱乐部的会员就订购了1万册（这仅是图书俱乐部成为我的救星的开端），后来这本书成为20世纪70年代许多家庭必备的工具书。

我的编辑同事们的角色都比较宽泛。当时最成功的编辑可能就是乔·高特（Joe Gaute）了，他的主要成就是管理一系列犯罪题材的选题。1974年，他出版了阿尔伯特·皮耶尔波因（Albert Pierrepoint）的自传。皮耶尔波因是英国行刑最多的绞刑刽子手，30多年间执行过600多次绞刑。毫不意外，这本书成了爆品。同样受欢迎且有益于身心健康的是乔伊斯·兰克斯特·布斯利（Joyce Lankester Brisley）创作的绘本《米莉-茉莉-曼迪故事书》（*Milly-Molly-Mandy*），从第二次世界大战之前在《基督教科学箴言报》（*Christian Science Monitor*）上连载，一直到20世纪70年代，这个穿着粉白色裙子的小女孩在英国海边长大

---

1　简称BCA，英国最大的图书俱乐部集团，下属有月度图书俱乐部、世界图书等大众图书俱乐部和军事历史、园艺等专业性的俱乐部，鼎盛时期有250万个家庭订阅，销售额超过1亿英镑。

的温情故事依然很受欢迎。每当公司业绩下滑、无法达到预期目标时，补救措施永远是换一种形式出版《米莉 - 茉莉 - 曼迪故事书》。十几年之后，我发现同样的策略也用在了《咕噜牛》（*Gruffalo*）和《哈利·波特》（*Harry Potter*）上。

回看 20 世纪 70 年代，人们常会认为出版业和弗利特街[1]（Fleet Street）的报纸业一样，具有"酒文化"性质。实际情况也的确如此，几乎所有人都会在午餐时间去酒馆喝几品脱[2]啤酒。本地人最爱的是"路易斯公主酒馆"，非常典型的维多利亚风格酒吧，如今生意依然很好。那时候，酒吧分公共区域和独立区域（休息室）。一般库房工人在公共区域，编辑和管理层在休息室，大家都严格遵守这个不成文的规定。酒馆附近还有一家地下斯诺克俱乐部（禁止女性入场），在那里也可以喝一杯，通常在晚上很热闹。但如果白天工作不忙，中午和下午也有人来这里。

中午喝酒在当时是一件很正常的事，而且人人都吸烟。比起20 世纪 80 年代末的昂贵午餐会、出版人与作者在高级品酒酒廊里一次又一次的长谈，以及过于奢华的新书发布会，喝酒、吸烟在当时都算不上颓废。虽然午餐时饮酒，工作日的晚上还出去社交，但这并不妨碍大家好好工作。我印象中办公室的每个人都在

---

1 又称舰队街，直到 20 世纪 80 年代这条街都是传统上英国媒体的总部，因此被称为英国报业的老家。虽然最后一家英国主要媒体路透社的办公室也在 2005 年搬离，但是这条街依旧是英国媒体的代名词。
2 1 品脱约 568 毫升。

非常努力地工作，没有人在办公室喝酒，更不可能因为喝醉耽误工作。还有，不管我们在酒馆待了多长时间、喝了多少酒，我们看起来永远都十分得体！在哈拉普的每一天我都是西服领带，如果没有外部会议的话，也可以穿运动夹克（一般是粗花呢，肘部有皮制补丁）。女士大多穿长裙。

## 家族所有制及管理

保罗·哈拉普是公司的总经理兼董事长。这家公司是他的祖父乔治于1901年创办的，管理者只传给家族中的男性。我在那里工作的时候，哈拉普先生应该已经55岁左右了。他和蔼可亲，受过良好的教育，是一位绅士型的出版人。虽然实际承担的工作不多，但是他很享受运营一家出版公司的感觉。据我所知，他的主要职责是主持每两周一次的高管例会，确认宣传推广费用和图书定价。除此之外，他几乎不怎么参与日常经营，也很少和员工有交集，而是更愿意在他的俱乐部里与作者和朋友交往。哈拉普家族的其他人和姻亲倒是时不时来办公室，虽然参与工作，但是他们没有明确的职务。整个公司和资产都属于哈拉普家族，没有外部股东。

我在哈拉普工作得非常愉快，选择离开主要是出于经济原因。那时候经济不景气，1973年，为了应对高通胀，政府实行了法定工资和物价冻结制度。这意味着只有跳槽才有可能涨薪。我当时已经有一个不断壮大的小家了，因此需要更多的收入。我能做的是在现公司升职或换一家公司，争取被高薪聘用。因此，带着些许悲伤，我翻遍了《书商》杂志，偶然发现牛津的培格曼出版公司（Pergamon Press）正在招聘编辑。

我离开哈拉普不久，它就被卖给尼克·贝瑞（Nick Berry）了。尼克·贝瑞是哈特韦尔勋爵（Lord Hartwell）最小的儿子，也是在20世纪大部分时间里拥有《每日电讯报》（The Daily Telegraph）的家族成员。虽然哈拉普的名字留下了，但是这次收购终结了该家族对公司的所有权和财权。不知道出于什么打算，没过多久，尼克·贝瑞就拆散了公司，将教育图书、参考书和词典业务卖给了苏格兰的钱伯斯出版社（Chambers），大众出版类的图书最终流向了由布兰森的妹夫罗伯特·德弗罗（Robert Devereux）经营的维珍出版社（Virgin Publishing）。20世纪80年代，钱伯斯 - 哈拉普公司被法国广告和传媒集团哈瓦斯（Havas）收购，哈瓦斯后来又成为法国跨国媒体集团维旺迪（Vivendi）的子公司，维旺迪又将它全部欧洲图书出版业务，其中包括钱伯斯 - 哈拉普，卖给了法国拉加代尔（Lagardere）。它是一家多元化的跨行业企业集团，总部位于巴黎，在世界各地开展业务，目前拥有3万多名员工。拉加代尔的业务范围从零售到汽车制造，20世纪90年代公司重组后，专注于传媒和娱乐业。作为计划的一部分，拉加代尔出售了很多现有业务，也收购了大量出版传媒品牌，将很多业务合并，包括巴黎著名出版公司阿歇特（Hachette），这是最后一家出版带有哈拉普名字的图书（一系列英法词典）的公司。这是一个家族独立出版商消亡的典型故事。

## 快进的 50 年：在布鲁姆斯伯里办公室的最后一天

将近 50 年后，2018 年 5 月的一天，我离开了位于贝德福德广场的布鲁姆斯伯里出版公司，那是我作为全职员工的最后一天。和 50 年前一样，我是走回家的，和在哈拉普的最后一天不一样的是，我几乎没有任何东西要带走——基本上所有重要文件都是电子存储的。

尽管这家公司离哈拉普那栋老楼只有不到半英里的距离，但是它和哈拉普方方面面都不尽相同。社会学家观察到，在第二次世界大战结束后的头 30 年，技术从根本上改变了家庭，再往后数 30 年，它改变了办公场所，出版业和其他任何行业都在此列。

布鲁姆斯伯里的办公场所由贝德福德广场 3 栋内部相通的楼组成，有地上四层、地下室和一间用于聚会和会议的玻璃暖房。每台办公桌上都配有台式电脑和一部座机，但是人们不常用座机，更喜欢用电子邮件和个人手机处理工作。同样值得关注的是哈拉普和布鲁姆斯伯里办公室都没有的东西。社会变化之快更凸显出半个世纪之漫长，有一系列设备是人们在 1972 年从未想象过的，但它们在我工作的 50 年间经历了被发明、广泛使用、被淘汰的过程，比如缩微胶卷阅读器、激光盘播放器、录音机、电传收发机、传真机。

作为一家现代化企业，布鲁姆斯伯里的办公室并不是开放式的，这一点它比 2018 年的其他出版社更像哈拉普。策划编辑和总监有独立的办公室，其他人共用办公室。办公室内共有约 200 名员工，70% 是女性。在高级管理人员和部门负责人中，大约 2/3 是女性，包括主编和主管版权、市场推广、国际销售、法务、印制、财务等业务的关键岗位人员。许多员工自己就是股东，因为这是一家上市公司，所以鼓励员工持股。尽管有些人曾是工会成员，但没有公认的工会，工会对企业管理的思维模式也没有任何影响。除了一些需要外出的销售代表之外，没有其他人享用公司的福利汽车。

显然，这里没有库房，也没有书商会想到来办公室订货。库存主要存放在斯旺西的一个仓库里。但公司里仍然有很多纸质图书，前台的接待厅里摆满了书架，上面都是布鲁姆斯伯里出版的图书，但主要目的是展示而非商业用途。

即使是参加外部会议，也很少有人系领带。夏天，女士大多穿长裤或者短裤，运动鞋或者芭蕾平底鞋。很多员工一身骑行行头就到公司了，然后淋浴、换好更舒适的工作服再开始工作。如果晚上他们直接从公司去新书发布会等场合，也许还会换一身更加光鲜亮丽的衣服。午餐时间喝酒已经是例外而非惯例了。布鲁姆斯伯里当然没有烟味，当时在大楼附近吸烟都是不允许的。

哈拉普出版社在 1972 年和 20 世纪初期的样子没什么区别，

但是和布鲁姆斯伯里的办公室不同，有些方面的变化甚至会让保罗·哈拉普或者罗伊·明顿感到震惊。50 年的时间里，出版行业的办公室、员工、企业文化、商业管理和其他诸多方面均发生了改变。我见证了其中的许多，也通过我的方式助力了上述某些改变，尽管这条道路是曲折的。

第二章

# 美好的科技出版新世界

1974 年年初，我来到了位于牛津东部的海丁顿山府邸的大门口，开始了在培格曼出版社的新工作，我在这里担任生物科学出版部总监。罗伯特·麦克斯韦尔（Robert Maxwell）多年前把这家他创办的公司出售给了利斯柯数据处理设备公司（Leasco）。但在形势不稳定的时期，筹钱把公司买了回来，现在他又完全掌控这家公司。我入职当天碰巧是他买回公司的时间。我清楚地记得那天早上他大步流星地朝我走来，质问我是谁、在他办公室做什么。对一名 24 岁的编辑而言，这是一个令人生畏的时刻。当时麦克斯韦尔已经是个知名人物了，他曾是工党的议员，并开始塑造将在未来 20 年颇有影响的公众形象。他身高超过 6 英尺 [1]，即使在那个年代，也算身材魁梧、仪表堂堂。在我还没能充分表达我所理解的岗位职责之前，他就还算客气地告诉我，我显然对出版一无所知，但是没关系，因为他会教我所有我应该知道的东西。

我入职的时候，培格曼共有 300 名员工，是哈拉普的 3 倍多，

---

1　1 英尺约 30 厘米。

公司利润也比哈拉普高很多。我瞬间就感到很不一样——这是一家精明、务实的商业公司。我的起始年薪是3000英镑，一年之内涨到了3800英镑。但是由于通货膨胀，这点涨幅微乎其微。当时的生物领域包括农业、生命科学，有时候也包含医药。佩吉·达克尔（Peggy Ducker）是公司的资深编辑和编辑部的核心人物，但麦克斯韦尔的身影无处不在。他非常看重"董事长"这个头衔，但他可远不是一个非执行董事长。

麦克斯韦尔认为，在他离开的几年间，培格曼变得过于官僚和懒散，他要让这家公司重新拥有股东和经理人所注入的活力。每天早上8：30，编辑和管理人员在收发室聚齐，麦克斯韦尔亲自拆开信函。这是一个重要仪式，目的是给我们灌输他所倡导的创业思维。比如，他会拆开一封在维也纳召开的生物化学大会的邀请函，马上要求知道谁能获得出版这次大会论文集的权利；或者他会举着一张花籽广告的传单，要求我们设法让人家在我们的植物学杂志上发广告。我们需要在每一封信件找到一个商业化的切入点，而且回应速度至关重要。

我们有一份内部期刊，名为《培格曼公报》（*Pergamon Gazette*），每期头版是董事长专栏。就像麦克斯韦尔在创刊版中明确表示的那样："实话实说，当我回到培格曼出版社时，最先让我震惊的事情是我们的内部沟通出现了问题。"他言出必行，只不过对他来说，沟通从来都是单向的：我加入公司不久，整栋楼就安装了扬声器系统，因此我们每天都能收到全体广播。"请

《培格曼公报》第一卷第 1 号。

注意，现在是董事长广播……"这对我们的工作是一个经常性的干扰，不管我们在做什么，都得停下来听广播。即便我们不想停下手中的工作，也根本不可能抵挡如此洪亮声音的干扰。几十年过后，牛津布鲁克斯大学（Oxford Brookes University）重新装修办公室时，在天花板里发现了大量电线，这很有可能是董事长在广播的同时也在窃听我们。

麦克斯韦尔这种跋扈人格也体现在培格曼的办公位置，在他位于海丁顿山府邸的家附近。如今这里是牛津布鲁克斯大学法学院和出版中心的所在地。这座房子非常壮观，是 19 世纪初期在海丁顿山坡上建造的一栋意式风格府邸。20 世纪 60 年代，麦克斯韦尔从牛津市议会将其租赁下来，他喜欢称这里为"全国最好的市会议厅"。他在这里生活、工作、娱乐，员工（特别是年轻的秘书）也经常往返于这里和培格曼办公室。他在这里的办公室富丽堂皇，后面的台阶通向露台的草坪和游泳池。在一张巨大的桌子上，他所有的事务都会被分类码成堆：商业事务，还有他的政治事务、金融权益和社会通信。他更愿意以内阁议员的方式处理工作，而不是企业管理者。还有一张小得多的桌子，上面放着一个棋盘，棋子永远处于中局的状态。后来我发现，它们被故意摆成一个特别复杂巧妙的开局，目的是给来访的欧洲科学家和政治家留下深刻印象，因为他们中很多人是国际象棋高手。

在海丁顿山这片区域，以当时的标准看，培格曼出版社是非常现代化且富有设计感的。这里有开放式办公区，一层有 100 多人工作。马厩改造成的办公室，是我刚入职时办公的地方。办公区还有酒吧和桌上足球，我们年轻编辑会在此社交、喝酒。从哈拉普到培格曼仿佛跳过了几十年，这种感觉像是从一家低级别的足球俱乐部到了职业球队，所有设施、设备和做好工作所需要的支持服务一应俱全。这里没有鸽笼式信报箱，我们可以在任何时间打电话，包括国际长途。

麦克斯韦尔拥有一支优质的管理团队，但是他们几乎无法开展工作。吉尔伯特·理查德森（Gilbert Richardson）和埃里克·巴克利（Eric Buckley）担任联合常务董事，艾伦·史蒂文斯（Alan Stevens）是财务总监，他倒霉地卷入了麦克斯韦尔乱如迷宫的财务事务中。理查德森和巴克利在麦克斯韦尔缺席的利斯柯时代管理培格曼，麦克斯韦尔回归后，迅速从他们俩手里收回了管理权。

罗伯特·麦克斯韦尔是我见过的直觉型企业家之一，和保罗·哈拉普截然不同。他会把一张发票拿给会计部门，并指导他们把所有发票从英镑兑换成瑞士法郎，因为他觉得汇率更好（实际上他是看空英镑，在当时其实是个不错的想法）。他总是对商机嗅觉敏锐，拥有非常强大的个人关系网络，他居然为培格曼争取到了为北海石油钻井设备制作培训手册这一利润丰厚的项目。

他将重复使用培格曼插图的价格提高了5倍，并且解散了管理插图的部门。取而代之的是，他给编辑发了橡皮图章，上面印着"您有权在支付50美元后使用"。编辑们只需要在插图请求函上盖章，然后退还给发函人，甚至不需要复印。他的直觉（同样是正确的）是大多数人会直接支付高额费用，所以不值得花费成本去争取那些本来就不愿意花钱的人。他讨厌库存，所以会将精装书当作平装书重新发行，方式是在明显是精装书的封面上厚着脸皮贴上印有"平装书"的标签。在业务的方方面面，他对做出的强硬甚至残忍的决定丝毫不感到愧疚，而且坚持不懈、不遗余力地找出效率低下的原因，同时锲而不舍地寻求新的合作。

## 出版和生命科学

在持续不断做远景规划的过程中，麦克斯韦尔对出版生物科学产生了独特兴趣。在一次公司全体员工大会上，他举起克里克（Crick）和沃森（Watson）在著名的《自然》杂志上发表的关于 DNA 结构的论文，称这改变了我们的业务。他让我起立，宣布这个年轻人将领导我们在生命科学领域的出版。更让人惊愕的是，他说学术出版的未来将在这一领域，而不是物理科学。在那天之前，物理科学出版一直是培格曼的主要优势。麦克斯韦尔已经意识到生命科学领域发展到了一个将会有大量研究和出版物涌现的阶段，尤其是在分子生物学、遗传学和生物化学领域。与此同时，诸如天文学和亚原子物理学等学科的研究已经无法跟上时代，因为这些实验研究需要投入大量成本。他显然是对的，仅在第二年，培格曼就推出了近百种生命科学的新教材和期刊。从实际操作角度讲，都是我负责的。培格曼策划的这些选题将成为业务核心和主要收入来源，这就是为什么之后麦克斯韦尔能以数亿英镑的价格将公司卖给爱思唯尔（Elsevier），而这些期刊中的大多数至今依然是爱思唯尔盈利能力的支柱。

《四面体》（*Tetrahedron*）期刊是关于麦克斯韦尔直觉的一个很好的例子（尽管不在生命科学领域）。它至今依然作为周刊出版，在世界各地广泛发行。60 多年来，它一直是有机化学研究的重要期刊，并在该领域中发挥了重要作用。在其历史上，这本期刊的撰稿人不乏杰出的科学家和诺贝尔奖获得者，但现在很少有人记得，这本期刊的起源是罗伯特·麦克斯韦尔给伦敦大学国王学院有机化学教授写的那封本没有期望得到回复的信。从中他发现了著名的"市场空白"，而和其他"空白"不同的是，这个"空白"需要填补。

## 突然离开培格曼

麦克斯韦尔董事长以高调的管理风格闻名，他也陶醉于这种声名，经常喜欢在大庭广众之下突然炒人鱿鱼。有一次，当着很多员工的面，他粗暴地开除了一位国际销售经理，因为他从印度出差只带回来50套药理学百科全书的订单。但是这套书定价1000美元，我们都认为50套的订单量不算少。

他的诸多缺陷之一是完全没有能力将工作和个人生活分开，而这个问题的严重程度，在他的王国20年后崩塌时才完全暴露，给很多一直为他工作的人带来了灾难性的后果。其实早在20世纪70年代就有警示信号了，这也是麦克斯韦尔和我闹翻的原因。奇怪的是，并不是因为专业问题或者任何编辑决策，而是因为我在英国记者工会担任工会谈判代表。那是1974年的第二次大选，麦克斯韦尔以工党议员的身份参选，试图夺回他在1970年失去的白金汉区议会席位。可疑的是，竟然有事先安排好的大巴将培格曼全体员工带到选区为他拉票。也许因为他曾是工党候选人，所以原则上能得到工会的支持，但是他对员工施加这样的三线鞭令是不能接受的。我作为工会代表，不得不告诉他这一点——这可不是让人羡慕的工作。对于以这种方式被挑战权威，麦克斯韦尔的反应是意料之中的："你本可以在这里有一个美好前程，但是如果你这样做就完了。"

当我拒绝在这件事上让步时，我的命运已注定。不过至少他做得比较谨慎，没有公开羞辱我。这次见面一周多之后，麦克斯韦尔的影子执行人奥布里·乔（Aubrey Chow）拿着一本《书商》杂志在咖啡厅找到了我，给我看了上面刊登的一则牛津大学出版社（Oxford University Press）的招聘广告并建议我申请。我认为这是让我尽快离开的信号。我在培格曼的职业生涯虽然强度很大并对未来有指导意义，但只持续了不到一年。

尽管为麦克斯韦尔工作困难重重，但依然让我感到错愕。培格曼是一个充满活力的地方，这里有才华横溢的编辑和出版人才，让我学到了很多东西。在科学尤其是科学期刊在英国出版界还很落后的年代，海丁顿山是如同一座创新灯塔般的存在。正是麦克斯韦尔，而不是任何其他人，将科学出版转变为有重要国际意义的尖端产业。他能做到这一点的部分原因是他比前人更加了解科学家和学者。虽然没有接受过任何生物科学领域的培训，但是他密切关注该领域的发展，更重要的是，他明白建立关系网络、施展个人魅力和讨好研究人员的价值。麦克斯韦尔是一个坚定的国际主义者，精通多种语言，其关系网遍及欧洲，与全世界杰出的科学家、高校管理人员、资金提供者和图书管理员均建立了联系。对这些人中的大多数来说，应邀在昂贵的餐馆吃午饭、到伦敦的俱乐部里喝一杯，是令人愉快的新鲜事。

所以，毫不奇怪，不管他的员工怎么看待他，麦克斯韦尔都是科学界的宠儿，很多科学家都在他和利斯柯争夺培格曼控制权的时期支持他。培格曼最有名的期刊的编辑通常由麦克斯韦尔直接指定。我参与过的知名期刊《比较生物化学和生理学》（*Comparative Biochemistry and Physiology*）和《神经生物学进展》（*Progress in Neurobiology*）就是如此，由他的朋友、动物学家杰拉德·可库特（Gerald Kerkut）编辑。作为整体安排的一部分，麦克斯韦尔为其提供了对一位学者而言非同一般的奢华生活，包括为可库特所在的南安普顿大学设立慈善信托机构。麦克斯韦尔做这种交易心安理得，他收获的是新期刊的发布、有价值的选题、订阅量、出版合同、有利的授权合同以及其他种种好处。

无论后来发生了什么事情，罗伯特·麦克斯韦尔依然是一位杰出的出版人。他个人的缺陷可能在 20 世纪 70 年代中期已经显现，而他的才华也同样如此。在 1974 年，培格曼发生了真正的变化，技术在发展，科学研究的传播也有了新形式，这在很大程度上归功于他。还应该指出，出于同样的原因，20 年后即将作为一股力量出现的"开放获取"运动中的许多人，把麦克斯韦尔视为他们极力要改革的科技出版模式的创始人。但无论好坏，他都改变了出版业。很多年之后，我才再次体验到类似的变化。

## 没那么美好的新世界——牛津大学出版社

我和奥布里·乔交谈的几周后，麦克斯韦尔落选白金汉区的议员，而我已经是牛津大学出版社的编辑了。出版人丹·达文（Dan Davin）在贝利奥尔学院简短面试我之后，同意聘我为生物科学编辑，但还需要牛津大学出版社生物学学科代表罗德尼·波特（Rodney Porter）批准——他是一位生物化学教授、未来的诺贝尔奖得主。波特教授问了我关于分子生物学未来的想法，幸运的是，培格曼最近正好出了一本关于儿茶酚胺的书，虽然我只对它有一丁点儿了解，但是我使用这个术语的频率足以让他对我的回答满意。

但是我入职前不久，我的岗位变成了医学编辑，我立马接受了这个录用通知，因为这个岗位工资更高，年薪4000英镑。这是因为他们真正想要的人——蒂姆·黑尔斯通（Tim Hailstone），在最后一刻以薪资太低为由拒绝了。虽然在几个月之后，我第一次见到他时才发现，他拒绝的是7500英镑。此后，我的职业生涯的大部分时间都在仰慕蒂姆的能力，他的收入总比我多一倍。

在牛津大学出版社，医学出版一直都被视为专业出版而非学术出版，所以其办公地点和少儿出版、大众出版一起都在伦敦。有一段时间，我往返于牛津郡和梅费尔地区的伊利府邸之间，这对一个有小孩子的家庭来说很不方便，但伊利办公区也有其他好处。牛津大学出版社租下了整栋楼，里面有一个可以俯瞰多佛街的优质图书馆，由黛博拉·莫盖茨（Deborah Moggach）专业管理，她后来成为一位备受赞誉的小说家。楼里共有 3 个餐厅：地下室的供全体员工用餐，提供丰盛又实惠的饭菜；3 层的餐厅仅供编辑和中层管理人员用餐，由大厨掌勺，饮品免费；顶层的是出版人[1]的餐厅，专供伦敦办公区的负责人约翰·（布鲁诺·）布朗爵士〔Sir John (Bruno) Brown〕和他的客人用餐，食品由皮卡迪利大街杰克逊茶庄供应，葡萄酒单很讲究，酒窖由牛津大学出版社的一位高级经理负责监管，他的工作包括每年至少花一个月在法国调研，并从唯卡葡萄酒集团（Vignerons Catalans）直接订货。

作为牛津大学出版社的出版人，约翰·布朗爵士当时已经是业内传奇人物了。他在"二战"之前是牛津大学出版社的海外销售经理，新加坡沦陷后，被日本人抓捕，在战俘营认识了英国文化教育委员会（British Council）的官员阿尔伯特·悉尼·霍恩比（A.S. Hornby）。为了在战俘营打发时间，ASH[2]（那时候大家都这么叫他）一直在构思一本供母语非英语的人使用的英语词典。布朗看到了商机，接管了这个项目。《牛津高阶英语词典》

---

1 在英国，"出版人"（Publisher）是一个职务，在这里指牛津大学出版社伦敦办公区出版部的负责人。
2 阿尔伯特·悉尼·霍恩比的英文原名为 Albert Sidney (or Sydney) Hornby，三个单词首字母组在一起为 ASH。Ash 本身也是一个英语单词。

（*Oxford Advanced Learners Dictionary of English*）于 1948 年出版，此后一直畅销，不仅是世界上最畅销的词典，而且是公认的 20 世纪最赚钱的书。

但即便如此，也不足以挽救伦敦办公区。在一众成本削减的痛苦措施中，第一项就是关闭梅费尔办公室，让医学出版和其他部门都搬回牛津沃顿街著名的大楼里。虽然这座建筑不如伊利府邸那么舒适，但它当时是、直到今天依然是一座雄伟且令人赞叹的建筑，其新古典主义的立面和四周环绕着建筑物的方院使其具有牛津大学学院的样貌和特色。虽然这里没有三个餐厅，但是在克伦登出版中心（Clarendon Press Centre）[1]有一个出版社补贴的职工食堂。这是一个员工俱乐部，有一张台球桌、平价饮品和一台彩色电视，我们可以在午休时间观看板球比赛。

和培格曼相比，牛津大学出版社的总部让人感觉时间倒流。这里有大概 10 位资深学术出版编辑，按学科类别分为医学、历史、哲学等。除了薇薇安·博恩（Vivian Bone），其他都是男性。我们几个人在同一层办公，一人一间小屋，因此那时被称为"死囚牢房"。一共只有 5 位科学编辑（包括数学和医学编辑），这反映出牛津大学出版社和牛津大学在人文学科而非科学领域的传统优势，这一点在未来几十年将发生一些变化。秘书们都是女性，

---

1 原文"Clarendon Press Centre"中的"Clarendon Press"与牛津大学出版社旗下知名上流出版品牌同名，但二者无关联，克伦登出版中心不在出版社的主楼里。

共用一间办公室。这里还有推着小车的端茶小姐，她们每天上午和下午会到我们办公室送热饮、小圆面包和饼干。阶级差异渗透到整个公司，以各种形式和细节表现出来。院子里甚至有两组自行车停放架，一组给"学者"或编辑使用，另一组给在印制部门工作的人使用。

编辑以学科定义，他们的职责是了解所在的领域，并深入了解该领域的顶尖学者、发展趋势，以及哪些科研人员有可能写一本好书。必须注意学科之间的差异——数学编辑不可与哲学家过多接触，反之亦然。与哈拉普、培格曼不同的是，编辑和印制联系得不紧密，当然这也取决于编辑是否积极主动，在这里，消极怠工是很容易的，牛津大学出版社是公认的世界上最负盛名的大学出版社，存在自满的风险，我们自认为最有前途的作者会主动找上门，而不是反过来。这是牛津大学出版社典型的企业文化。当我的前任克利福德·格雷戈瑞（Clifford Gregory）从医学编辑岗位退休时，他非常沮丧地和我说："我不羡慕你的工作，因为最好的医学书已经全部出版了。"

来稿后，牛津大学出版社的学科代表会对稿件进行审阅和批复。如果编辑对稿件不满意，他们会退给作者，附一张纸条，请作者再次提交，几乎不会有编辑指导意见。如果稿件可以接受，那么编辑会给印厂寄一张"粉色便签"[1]，上面写着："出版人

---

1　原文 Pink Slip，原意为解雇通知单，因此此处加引号。

RDPC[1] 致印厂：请印制 2000 册。"这大概是图书入库之前编辑最后一次见到稿件（尽管这将从根本上发生改变）。有一条古怪但令人称赞的规定，即禁止作者在致谢中点名感谢编辑，这样做的原则是，出版社的每个人，从印务到编辑，再到收发室员工，都为一本书的生产制作做出了贡献，因此不应该单独表扬某一个人。现在，当我看到很多书列出如奥斯卡获奖名单一般长的致谢对象时，我认为这条规定还是挺好的。

## 牛津大学出版社的决策过程：新手指南

牛津大学出版社过去和现在都是牛津大学的全资资产，通过财务委员会履行职责，这是最接近公司董事会的机构。牛津大学出版社的首席执行官是该委员会成员，其他成员有出版社的资深员工、6 位牛津大学的学者和一两位商界人士。财务委员会向学科代表们汇报工作，事实上，首席执行官现在依然拥有首席执行官和代表秘书两个头衔。在那时，一共有大概 15 名牛津大学的学科代表，负责出版社的名誉维护和出版质量把控。编辑决策会在每两周的大会上由代表们做出，牛津大学出版社的资深员工和一两位相关编辑列席，会议由牛津大学的校长主持。

我在那里工作的时候，每隔一周的周二上午 11：00 召开会

---

1　RDPC 为作者名字 Richard Denis Paul Charkin 的首字母缩写。

议，但在很长的暑期只召开一次会议，这意味着一年当中有 3 个月几乎没有任何编辑决策或者协议签订。这非常可惜！编辑们身着礼服在牛津大学出版社集合，步行前往位于宽街的克伦登大楼，一般要比校长到得早一些。校长会在学监们的护送下抵达，他到的时候，全体起立，编辑和代表都身着长袍。大家围坐在一张巨大的圆桌边，桌上有灌满新墨汁的嵌入式墨水池，还有参考书，包括《名人录》（*Who's Who*）和《英国圣公会圣职者名册》（*Crockford's Clerical Directory*），以供讨论时作参考。我印象中除了一两次例外，与会者都是白人男性。

学科代表由学校的教职人员组成，每个人代表不同的学科并且搭配一名编辑。因此，每个编辑都有一位学科代表作为合伙人，他们需要密切合作。校长会浏览要讨论的选题清单。如果编辑提前做好了功课，他的学科代表搭档也已经同意该选题出版，为了确保它在大会通过，搭档会为编辑提供支持意见，且必要时为选题做辩护。我在那里的时候，牛津大学出版社引入了红绿灯信号系统，编辑需要明确他提议的选题是不盈利但会带来良好声誉，还是盈亏平衡，抑或可以盈利。每一个选题都会得到充分讨论。如果被认为不适合出版，那么这本书就会被"翻过去"。有一个投票用的装置，但我不记得用过没有，因为校长通常会努力让所有人达成一致，而学科代表们只要自己的选题通过了审议，也乐于让别人的选题通过。但是也会有漫长的辩论。当一个选题没有与任何学科代表相关时，问题就来了，在这种情况下，每个人都觉得自己有权发表意见。我记得贝多芬的一本传记就引发了激烈争论。当时没有音乐学的学科代表，一名经济学学科代表对贝多芬很感兴趣，因此力荐此书。但是，医学学科代表也认为自己非常了解古典音乐，觉得贝多芬传记已经出版得够多了。经过长时间、越发情绪化的讨论，最终的结论让经济学学科代表很失望：这本书被"翻过去"了。

通常到了中午 12：30，代表们已经饿了，可是只讨论了不到 20 本书，还有 50 来本没有讨论。为此，编辑们的技巧之一就是确保他们非常想出版的书排在清单靠后的位置，例如，在由多位作者撰写的书中，他们会根据作者名字的字母，调换作者排序，随着午餐的召唤和注意力逐渐涣散，基本可以确保最后十几本书，会与教育、参考书、英语教学和童书一起，被迅速讨论并一致通过。这些书总是排在最后面，几乎不怎么讨论。其实从财务角度看，这些选题才是最重要的决策。会议结束后，学科代表们回到各自的学院，编辑们摇晃着去酒吧。我想，至少这个传统依然保留到今天。

牛津大学出版社的决策过程虽然冗长、迂回，但是这不代表编辑们不能成事。事实上，不为人重视的是，相比于大众和虚构类图书，学术出版更有前景，即发现一个市场机会，通过签约一名作者或者策划一个新系列来抓住它。当时，我正好负责《普莱斯医学实践教材》（*Price's Textbook of the Practice of Medicine*）的出版。这是一本常规的参考书，历史可以追溯到半个多世纪前，但当时已经黯淡无光了。1978 年，此书的第 12 版出版，很快遭到一位美国知名评论家的抨击。他评论的最后一句话让人难忘："我不禁注意到这本书优秀的编辑是女王陛下的医生[1]。天佑女王。"

我感到十分沮丧，尽管我的前任警告我，最好的医学书已经出版完了，我还是去拜访了在牛津约翰瑞德克里夫医院的牛津大学纳菲尔德医学系教授大卫·韦瑟尔（David Weatherall）。我带来了那篇该死的评论，并建议他承担起编写一本全新教材的任务。大卫爵士（他后来获得的头衔）征召了两名编辑与他联合完成这项艰巨的工作，他们又向不同学科的作者组稿。历时 4 年，《牛津医学教材》（*Oxford Textbook of Medicine*）于 1983 年出版，这一超大开本、2000 页、多卷本图书以 55 英镑的价格销售（现在的价格超过 400 英镑）。从那以后，这套书被世界各地的医学生和医生使用，销量达数十万册，第 6 版于 2020 年发行，并在过去 40 年中为编辑们带来了丰厚的版税收入。

---

1　学术出版物，特别是多位作者合著的书，一般由两位编辑负责：社内编辑和外审，外审通常是知名学者或者医生（针对医学出版物）。而这本书的外审是女王的医生，因此这名评论家暗讽这本书太差了。

第三章

# 牛津大学出版社
# 是如何度过危机的

那是 20 世纪 80 年代初，英国经济正遭遇危机和动荡。在此前的一个多世纪，历史悠久的大型企业一直是英国主要的雇主和城乡发展的基石，但它们正面临着生存挑战。到 80 年代末，它们当中的许多将不复存在。出版业和其他行业一样，牛津大学出版社尤其如此。

牛津大学出版社当时面临的问题和英国考利的利兰发电厂类似，随着经济国际化，长期存在的效率低下这一严重问题日益显现。英国出版商已经不能简单地在旧帝国发行产品，他们正面临来自北美特别是欧洲的竞争，施普林格（Springer）、克鲁沃（Kluwer）和爱思唯尔已在引领学术出版。大多数英国企业的管理层都有一个通病，即由一代非常尊重传统的等级制度、对商业运作和财务技能了解甚少的男性所支配。和其他机构一样，在牛津大学出版社，他们中大多曾在战争中服役，战时的经历仍然是喝酒吃饭时的主要话题。这些人往往是杰出的古典主义者和人文学者，难以适应变化和创新。面对难以决策的问题，他们会一拖再拖。与此同时，强大的工会尤其是印刷行业的工会，阻挠着改革和新技术的应用。媒体经常报道英国的人才流失，以及创新、科技和商业人才如何在大西洋彼岸寻求更好的机会。1981年的通货膨胀率超过10%，失业人口数量达300万。与此同时，北海石油收入意味着英镑的汇率会反常的强劲，这削弱了英国出口的竞争力。

牛津大学出版社当时是世界上最大的大学出版社，刚刚庆祝了500周年诞辰，当时正面临破产的危险。巴克莱银行的透支限额为1200万英镑，该社已接近违约。银行已经告知学科代表秘书，如果想提升透支额度，需要牛津大学校长给银行写一封"告慰函"。在收到这一请求时，雷克斯·理查德森爵士（Sir Rex

1978年牛津大学出版社的执行委员会，从左至右依次为唐·韦伯斯特（Don Webster）、吉米·休斯·戴维斯（Jimmy Huws Davies）、雷蒙德·布拉默（Raymond Brammah）、拜伦·霍林斯赫德（Byron Hollinshead）、大卫·米切尔（David Mitchell）、约翰·布朗爵士、维文·里德勒（Vivien Ridler）、乔治·理查德森（George Richardson）、丹·达文、埃里克·巴克利（Eric Buckley）。

Richards）明确表示他"绝对不会卖出阿什莫尔博物馆的任何一个小玩意儿来拯救牛津大学出版社"，一切问题都要靠我们自己解决。

让我很意外的是，在这种背景下，管理层让我写一份提案，给出一些能让我们摆脱困境的建议。如今，这种工作一般是由麦肯锡做的，费用高达数十万英镑。但当时只给了我 6 周时间咨询全社资深管理人员和编辑，唯一的预算是每天中午和同事一起在牛津帐篷市场买三明治的钱（共 5 英镑左右）。由此产生的 7 页打印文件可能缺乏深思熟虑，也没有多少信息图表，但它直言不讳。

1984 年，我的第一份战略文件。

必须削减开支，特别是在办公楼和人员方面；公司本部和分布在各国的本土利润中心的责任需要强化；发行费用过高，而且速度慢得令人难以置信；印刷已经过时，效率太低，成本太高。我们应该聚焦未来的而非过去的市场，这意味着要压缩《圣经》（*Bible*）和那些出版社自认为有意思的大众出版选题，要更多地向参考书、期刊和英语教学类图书倾斜。也许最重要的是，我的这份报告旨在整体上挑战该出版社文化。在牛津大学出版社的高层，有一种假设（我认为这是严重的误区），即大众出版应该盈利，而学术出版只是为了学术原则，不能指望它赚钱。实际上，正如培格曼和布莱克威尔（Blackwell）等牛津当地的竞争对手已经做到的那样，情况并非如此。牛津大学出版社的运营基于交叉补贴，缺乏财务问责，而且认为某些业务可以持续亏损，只要有其他选题和部门继续买单。而这正是必须改变的。

## 成本削减、剧变和外包

首先要处理的问题之一是尼斯登的库房，它被关闭后搬到北安普敦郡的考比市了。那里虽然规模小一些，但设施更好，员工有 200 人。考比市大多是苏格兰居民，保留着苏格兰风貌，这是 20 世纪 30 年代的遗存，当年位于格拉斯哥的斯图尔特 & 劳埃德公司（Stewarts & Lloyds）在这里建造了英国最大的钢铁厂之一。20 世纪 60 年代，随着苏格兰钢铁产业的衰落，钢铁工人南下寻找工作。但是到了 20 世纪 80 年代初，考比市的钢铁生产也走到了尽头，大量人员失业。于是，政府为搬迁到那里的企业提供慷慨的补贴，而本身有财务问题的牛津大学出版社很愿意抓住这个机会。

印务部是分阶段解散的。排版工作大部分外包给牛津郊外克利夫顿汉普登的霍普服务公司（Hope Services）及类似的家庭手工业公司。霍普可以使用万国商业机器公司（IBM）最新系列的打印机，生产出"可供拍照的副本"，然后拍照用来制版。以现在的标准看，这是一项非常原始的技术，但这和牛津大学出版社此前所用的凸版印刷技术相比，的确是个进步。仍有一个麻烦是，印厂工人拒绝印刷任何未经过全国印刷协会（National Graphical Association）认证的东西，该协会当时已成为英国占主导地位的印刷工会。这意味着我们依然需要给该协会的下属公司付费，将全部的印刷版盖上章才能付印。但即便是多了这一步，也比以前的成本低了很多。

因此，牛津大学出版社的印刷业务在运营 500 年后终止了，好在印务部门的部分同事能转到出版部门工作。直到 20 世纪 80 年代，现在被认为是出版业核心工种的印制、书封设计和文案编辑工作有时都是由印刷公司承担的，牛津大学出版社就是这样。也就是说，在 19 世纪和 20 世纪，你可以在印刷厂找到许多全国顶尖的编辑，其中包括莱奥弗兰克·霍尔福德-斯特雷文斯（Leofranc Holford-Strevens）这样的人。他是牛津大学的传奇人物，会说 40 多种语言。据说，他在古典文学期末考试中将一段古希腊语翻译成了塞尔维亚 - 克罗地亚语，因为题目没有明确说明应该翻译成英语。尽管他被认为是那一代杰出的古典文学学生，但他古怪的个人习惯使他无法从事学术活动，甚至在 20 世纪 60 年代的牛津大学也是如此。但是，他在牛津大学出版社找到了一个长久、幸福的家，开始是在印厂工作，在出版社 20 世纪 80 年代重组后，他直接从事出版工作。一位研究中世纪音乐的美国著名学者对霍尔福德 - 斯特雷文斯为自己专著所做的编辑工作印象深刻，于是从纽约赶来与他见面，二人很快结了婚。到霍尔福德 - 斯特雷文斯退休时，他已经编加了 500 多本书，纠正了世界上最著名的历史学家和古典主义学者在排版以及史实方面的错误。

但不是所有工种都能这样被拯救。20 世纪 40 年代以来，牛津大学出版社设立了制图部，一共有 20 位地图制作者和学徒负责绘制地理地图集和教材所用地图。这个部门以技术质量闻名，他们绘制的地图遍及全球各地的课堂。他们还率先开发了三维地图和标示领土地势的技术，但是地图制作是一项昂贵且非常专业的工作。1981 年，该部门关闭了。牛津大学出版社做了一件其他出版商都做过的事情，将这项工作外包给绘图公司。令人高兴的是，这个部门的很多员工后来一起成立了牛津制图公司（Oxford Cartographers），至今仍在运营。

《圣经》的印制和出版也举步维艰。牛津边上的佐敦山有一个专门储存《圣经》和祷告书的仓库，也存放世界各地的书商退回的牛津大学出版社的残损《圣经》，这里的大部分员工是基督徒。鉴于《圣经》是"神的话语"，因此佐敦山的严格规定是，退回的《圣经》不能被化浆。几十年来，那里不可避免地积压了数千本无法销售的《圣经》。这个问题最终被一位房产开发商解决了。这块地出售给他后，他利用部分土地和资金建了一座漂亮的新体育馆。作为交易的一部分，这些库存书也归他所有。据信，这些书被埋在了当时正在建造的 M40 高速公路下面。

这不仅是关停和外包一些业务，整个出版社的利润空间也面临巨大（且早该意识到的）压力，我们不得不高度关注直接成本和管理费用。比如，有一段时间我们每年印刷 25 万册《牛津简明英语词典》（*Concise Oxford English Dictionary*），通过调整音标字母的排版方式，并把它们放到环衬上，每本书能节约 16 页纸，总共能节约 8000 英镑——相当于一个编辑的平均年薪（更别提减排成吨的二氧化碳了）。

虽然重组和成本削减带来了很多痛苦，但这是一个更新和创新的时代，在裁员和成本削减的同时，也有一些新的机遇。我的上司兼导师丹·达文从学术出版人岗位退休后，罗宾·丹尼斯顿（Robin Denniston）接任他的位置。罗宾虽然是一名兼职的圣公会牧师，但是商业敏感度很高。他之前在霍德与斯托顿出版公司（Hodder and Stoughton）任职，出版了约翰·勒卡雷（John le Carré）和其他一些畅销书作家的作品。他知道如何从出版中赚钱，而且非常清楚牛津大学出版社需要自救和财务稳定。

罗宾鼓励、推动人才培养，并提出了新想法。在编辑和管理人员中，我们成立了"新生代委员会"。大部分成员是战后一代的出版人，对这个行业正在发生的事情感到兴奋，并希望将在其他地方见到的创新举措带到牛津大学出版社。该委员会不都是男性。1982 年，我们将 25 岁的金·斯科特·沃尔温（Kim Scott Walwyn）任命为英国文学策划编辑。不幸英年早逝的金是我合作过的最优秀的编辑之一，她上任没过几年就成为所有人文学科的出版总监。这既证明了她的才华，也证明了罗宾培育的企业管理文化行之有效。金是真正跟踪数据并尝试理解到底是什么在推动销售的人。当时牛津大学出版社的系统已经逐渐可以获取不同地区、不同学科的销售数据了，当大多数编辑还沉迷于在《泰晤士报文学增刊》（*The Times Literary Supplement*）刊登他们的书评时，虽然金和其他人一样也热衷于此，但她已经在拆解数据，探究这种做法是否促进了销售（通常并没有），并尝试将资源集中在对销售有效的事情上。当时还没有"数据分析"这个术语，但是对于金和新生代出版人来说，这是未来很重要的一部分。我们会聚在加德纳斯纹章酒吧讨论这个问题和新的市场、生产技术、营销技巧，以及其他正在改变出版的事情。其中最重要的是信息处理，尽管我的战略文件中根本没有提到它。

## 和计算机的初次相遇

我第一次听说计算机是 1973 年在哈拉普出版社工作时，虽然当时我并没有见过它。财务部和编辑部的每个人都猜那是用来监控我们支出的。不管它是否监控了，这台机器从未对我们的工作造成什么影响，也没在工作中出现过。销售数据是这样统计出来的：先去印制部门了解印刷数量，再到楼下库房清点剩余库存，然后和推广部门核准赠样书的数量。基于一些分析和猜测，能大概估一个销量数据。这是一个非常费力且不精确的做法，只有需要和作者见面并且知道他们会问的时候才统计，但是你依然能知道书卖得好不好：如果没有库存了，你收到了加印通知，说明卖得不错；反之说明销量不好。

现在"数字化"和"技术"几乎是同义词，但是在我职业生涯的最初 10 年间，有一系列的技术创新与信息处理几乎没有关系。在培格曼的短暂日子里，我见到了很多创新技术，因为罗伯特·麦克斯韦尔热衷于新的发明，而且为自己的企业拥有最新的设备和工具而感到骄傲。我在那里的时候没见过多少台电脑，但是我们确实大量运用了 20 世纪 70 年代最典型的出版技术之一——缩微胶卷。

任何一个 50 岁以下的人根本不知道缩微胶卷为何物，就像传真机对 20 多岁的人来说是个谜一样，但前者确实是当时备受讨论的技术。随着人们开始担心信息爆炸，缩微胶卷被图书馆、各大机构甚至消费者视为容纳日益增多的出版材料的解决方案。胶片的进步，以及更小、更便携的扫描仪和阅读器的出现，似乎预示着一个时代的来临，印制、发行、存储都很笨重且昂贵的传统图书形式将不复存在。莎士比亚的所有作品可以拍照存在一张胶片中，放在一个小盒子里，用手持设备阅读。文字不可搜索，你只能阅读，但这依然被看作一个惊人的新发明，和 20 年后只读光盘一样令人兴奋。

在培格曼，缩微胶卷不仅是终端产品，而且是生产过程的一部分。一张巨大的表格（如今书目出版管理系统的原始模型）被录入特殊的双尺寸打字机中，形成一幅大的单页。它涵盖了出版商制作一本书所需的全部信息，也就是我们现在所说的元数据，包括作者、书名、书号、版税、印次、合同等。然后将这张表拍照，把所有信息压缩到缩微胶卷中，在图书制作的不同阶段通过缩微胶卷阅读器读取表格里的信息。我不确定它是否真的让工作变得更容易，但它确实让人感觉很现代化，比我在哈拉普见到的任何东西都要先进。

我第一次在培格曼见到的另一个新技术是"文字处理机"。众所周知，过去的 40 年，这一直是在通用计算机上运行的软件程序，但当时的文字处理机实际上是一种专业机器，可以理解成打字机、打印机和计算机的混合体，尽管功能有限。我入职培格曼不久，罗伯特·麦克斯韦尔花大价钱买了好几台，并为之自豪。

我们在场的人都忘不了有一次他欢天喜地地向东欧来的领导展示它们，他迫切地想演示这些巨大的装置可折叠、易存放，于是试图通过折叠那张放着机器的桌子来证明。作为一个身材魁梧、力大无穷的人，他成功地做到了一点：把桌子连同机器一起抬起来、折叠，不出所料地折断了。

这些发明都预示着一个即将到来的世界，但是数字技术真正改变现状要再过至少 5 年。在 20 世纪 70 年代的牛津大学出版社，现代技术和其他很多方面一样，还没有产生什么影响。和在哈拉普的时候一样，我的所有信件都是由女秘书打印的，我向她们口述。而给秘书们配备的是美国国际商业机器公司的球体打字机，它和传统打字机相比，是一个明显的进步。那时候没有复印机，它直到 20 世纪 80 年代才出现，所以秘书们会制作三份复写本，一份发给通信对象，一份给编辑存档，最后一份放在"第三份"——一个所有员工都可以随时访问的通用归档系统，就像一种纸质内联网。尽管听上去不可思议，但大家的确会经常访问该系统，而且它的利用率可能比我在未来几十年中所见的任何企业内部网和知识共享系统都要高。

所以直到 20 世纪 80 年代，我才第一次真正接触到计算机技术。理由也很充分，当时我们亟须赚钱。那是 1981 年冬天，牛津大学出版社财务困难，希望我能有所作为。那时，我正好读到了《出版人周刊》（*Publishers Weekly*）的一篇文章，介绍了一家名为迪克电子公司（Dictronics）的企业如何与兰登书屋

（Random House）达成协议，生产出了第一本电脑化词典。我对此非常感兴趣，于是致电这家公司，接通了其创始人迪克·布拉斯（Dick Brass）的电话。我跟他说，如果他对词典感兴趣的话，那么他应该和牛津大学出版社接洽。

迪克邀请我去纽约，在我表达了我们财务状况紧张、没有出差预算后，他同意支付我的机票费用，前提是我在圣诞节和新年假期之间旅行，那时航班更便宜。就这样，在1982年年初，我已然站在曼哈顿一栋摇摇欲坠的大楼的8层了。迪克此前是《花花公子》（*Playboy*）杂志的餐厅评论家，他使用早期电脑的经历启发他联想如何让写作变得更容易、更高效。于是他创立了迪克电子公司——一家追踪账户并向债务人发出威胁信的软件公司，但现在他想做更大的事业。除了迪克自己外，团队还有一位保守党大臣的儿子，一位负责编写所有软件的程序员，一位才华横溢的文案撰稿人、编辑安德鲁·罗森海姆（Andrew Rosenheim）。

他们向我展示了我见过的第一张软盘。最让我震惊和困惑的是，包装盒对于软盘来说太大了，导致软盘在里面晃荡作响。后来听说，包装服务是迪克·布拉斯的父亲在两层楼上的纺织厂为其提供的，而这些包装原本是为女式长筒袜准备的。尽管如此，我们还是达成了一项协议。我们同意迪克电子公司支付60万美元（其中20万美元是预付款），以获得对包括《牛津袖珍英语词典》（*Pocket Oxford English Dictionary*）在内的3本参考书进行计算机处理的权利及销售权，这些书将被重新键入并存放在软盘里。这是我谈下来的第一笔这种类型的交易，发行方式后来被称为捆绑销售，即将存有参考书的光盘和电脑组套销售。在 20世纪 90 年代，数以百万计的人会以同样的方式获得微软的多媒体百科全书。

所有这些都是创新的产物，而且非常超前。美国当时的计算机市场，不管是家用还是商用，都还在培育阶段。我们当时的想法是，在电脑上使用早期文字处理器的人可以查阅我们词典的软盘版本。对于迪克电子公司来说，它需要冒很大风险、投资大量的资金，但它得到了回报。不久之后，迪克把他的公司卖给了当时全世界最大的计算机公司之一——王安实验室（Wang Laboratories），后者利用迪克的创造推出了第一台电子拼写检查器。迪克后来成为微软的副总裁，并被称作美国电子出版的创始人。我回到牛津后，一些人对我们的做法持怀疑态度。当迪克来访并被邀请在圣约翰学院享用晚餐时，他拒绝了地窖里珍藏的美酒，坚持要喝无糖可乐。这加剧了人们的担忧，但考虑到我们当时的财务状况，没有人反对与迪克的交易。罗宾·丹尼斯顿非常激动。签署合同后，安德鲁·罗森海姆代表王安搬到英国监督编辑工作，后来就留下了，从此成了我的好友。

## 印刷的变革

在牛津印刷的第一本书诞生于 1478 年，是在威廉·卡克斯顿（William Caxton）把印刷业引入英国的两年后。基于此，牛津大学出版社号称自己是世界上历史最悠久的大学出版社。这自然会招致争议，比如剑桥大学出版社（Cambridge University Press）也会说自己是历史最长的。不管具体日期是哪天，牛津大学出版社历史上的大部分时间里，与其说它是一家出版社，不如说是印刷厂，我1975年加入这里时依然如此，当时出版社80%的地方用于排版、印刷和装订。我入职之初，这里有大约700名员工，我估计500人都在印刷部门工作。但是"印刷厂"这个名字并不确切，因为牛津大学出版社不是简单的印刷图书，也负责文案编辑、排版和校对，而编辑几乎不参与实际印制工作。

和牛津大学出版社不同的是，哈拉普的印制大部分是由小型独立印刷厂完成的，主要是布里斯托的J.W.爱罗史密斯印厂（J.W. Arrowsmith），它负责排版、印刷和装订。这是一家诞生于维多利亚时代的印刷企业。爱罗史密斯生产各种各样的产品，包括哈维斯酒庄奶油雪莉酒的标签，并且自19世纪30年代以来一直出版《布里斯托尔海峡潮汐表》（*Arrowsmith's Bristol Channel Tide Table*），至少名义上是如此。哈拉普的书印好后就被送至高霍尔本街的办公室，存在地面一层的库房。当然，对于现在的读者来说，使用伦敦市中心黄金地段存放图书的做法无疑显得匪夷所思。

从2022年的角度看，更令人惊讶的是，直到20世纪70年代中期，牛津大学出版社不仅印刷图书，还生产纸张。它的纸厂在牛津北部边上泰晤士河上游的沃尔夫科特。17世纪以来，这里一直是生产印刷用纸的地方。特别是纸厂生产的薄且韧性强的纸，被称为印度纸，用于印制《圣经》和祷告书。这家造纸厂于1977年被售出，预示着即将到来的动荡。不久之后，牛津300年的造纸业宣告终结。有一段时间，这座旧厂房里住着一批幸运的牛津大学出版社员工，他们只交象征性的租金。但现在整个厂房已经是私人住宅开发区了，三居室售价超过100万英镑。

回顾过去，牛津大学出版社内部印刷的终结似乎是一个必然，不仅因为大型印刷厂坐落在欧洲最昂贵的城市里，而且因为印刷产业变得越来越没有竞争力，印务部门几乎全部依赖于牛津大学出版社稳定的业务：大众和学术图书、期刊、《圣经》和祷告书。除了考试委员会需要印试卷之外，印务部几乎没有外部客户。由于所有这些工作都有保障，印刷厂几乎没有动力进行创新、采用新技术或减少浪费。

直到20世纪70年代，牛津大学出版社才淘汰热金属排版。在别的地方，商业印刷公司正在激烈地争抢出版社和客户，这迫使它们提高效率。同时，随着世界各国实现工业化，出现了新的竞争对手，即那些更加有前瞻性的出版商，如保罗·汉姆林（Paul Hamlyn），他当时已经跟捷克斯洛伐克和中国的印刷厂建立了联系。

但是牛津大学出版社印制业务的终结还是让人感到悲伤，因为牛津这座城市的性格不仅由世界知名大学塑造，还有工业遗产和专业技术劳动力的贡献，而牛津大学出版社的印刷业务过去几百年来是其中很重要的一部分。19世纪，耶利哥社区已经发展成充满活力的工人阶级社区了。印刷工人居住在那里的砖砌排屋，在街角酒吧社交，这些人世世代代在那里工作，从学徒一直到退休。和当时英国许多制造业工人所遭遇的一样，很多失业的印刷工人很难在其他地方找到工作，他们的专业技能在20世纪80年代的劳动市场上几乎没有价值。现在，耶利哥地区是一个极具吸引力的地段，因其位于牛津市中心且靠近火车站而深受从事专业工作的中产阶级的青睐。除了当地酒馆的名字，比如"老装订工"（The Old Bookbinders）和"摇摇欲坠的印刷机"（The Rickety Press），几乎所有和印刷历史有关的痕迹都消失殆尽了。

印刷变革的其中一个结果就是过去的印量现在看来大得惊人。我在哈拉普出版社最早出的一本书是从德语翻译过来的《量子理论史》（The History of Quantum Theory），里面有大量的专业术语和方程式，印量超过2000册。和现在一本小说的首印量差不多，是今天同类大部头图书印量的10倍。这并非个例，在牛津大学出版社，专著的常规印量为2000本，不过这些专著是否会发行出去、是否有读者购买或阅读，那就说不好了。

大印量是成本导致的，那个年代排版费每页10英镑，校对修改费每页1英镑，折合成现在的价格分别是120英镑和12英镑。《量子理论史》一共260页，光排版、校对费就要（以2022年的货币价值）约3.5万英镑。重印的成本差不多同样高，因此公司倾向于提高首印量，而不是多次、少量重印。这本书的售价为 6.1 英镑，以今天的价格计算，略高于 73 英镑，和现在一本学术专著的定价差不多。考虑到高昂的成本，就很容易理解为什么编辑倾向于提高印量，结果是许多书存放在库房和世界各地的二手书店里。

## 《牛津英语词典》第二版

基于和迪克电子公司达成了合作且其他人对计算机一无所知的事实，我当时被视为牛津大学出版社的电子出版专家。实际上，鉴于那时候整个行业的人都缺乏数字技术知识，我甚至成了英国版协首届电子出版委员会（Electronic Publishing Committee）主席。其实不是大家对此不感兴趣（尽管出版界确实有很多人不感兴趣），而是了解甚少，当时拥有计算机科学或信息技术背景的出版商比自然科学家还要稀缺。

正因如此，我被带进了那个时代最伟大的出版项目之一——《牛津英语词典》第二版。1884—1928 年分册出版的《牛津英语词典》被誉为英国学术界的不朽成就之一。这部词典最早是 1857 年英国语文学会提议编写的，计划分 4 册，需要 10 年才能完成。实际上，5 年之后才编到"蚂蚁"[1]这个词，需要数百名编

---

1 英文为 ant，英语词典按单词首字母 A~Z 排序，本句说明词典编排进展缓慢。

辑在数千名业余学者的自愿帮助下，继续工作半个世纪才能完稿。其中有名的最高产的撰稿人之一，是一名因谋杀罪被终身关押在布罗德穆尔精神病院的囚犯。《牛津英语词典》第一版因此被视为传奇之作，它的故事被改编为图书和电影。但第二版的制作过程很不一样，它也将成为出版业的里程碑，而计算机技术将是它的核心。

如果说和迪克电子公司签协议是为了钱，那么《牛津英语词典》项目的初衷则是为了学术价值和英语语言的荣耀，但同时也是为了钱。20 世纪 80 年代初，《牛津英语词典》版权即将到期，如果我们不抓紧出新版本的话，版权将对每个出版商开放。那时正值我们与柯林斯（Collins）、朗文（Longmans）、企鹅的"词典大战"。这三家虎视眈眈地盯着工具书市场，志在挑战牛津大学出版社在词典领域长期的权威地位。自从《牛津英语词典》最后一册于 1928 年出版以来，少量的增补内容工作是以大量补充卷的形式进行的，但是现在大家一致认为必须出版一个完整的新版本。

如此大规模的项目需要大量的资源，于是成立了一个监理会，成员包括英语语言教授菲利普·拉金（Philip Larkin）、校长雷克斯·理查德森和安伯托·艾柯（Umberto Eco）。那时，这本词典的主编是罗伯特·柏菲德（Robert Burchfield），他是 C.S. 刘易斯（C.S. Lewis）和 J.R.R. 托尔金（J.R.R Tolkien）的学生，自 1957 年开始就参与词典附录的编写。他是杰出的词典编纂家和学者，但对现代出版没有兴趣，对新技术持怀疑态度，反对引入数字化生产方式。在牛津大学出版社乃至整个牛津大学，他这样的人为数不少，人们对计算机有担忧，感觉数字化信息是无形的，有丢失的风险。实际上，实体载体才面临更大的被损坏的风险，而它们是编纂词典的基础。市中心一栋几乎没有防火设施的大楼里，存放着编纂不同版本的《牛津英语词典》的纸条，上面是几十年来成千上万人手写的单词定义和索引，而没有任何一张纸有任何形式的备份。

尽管整个牛津都在反对，但是显然任何新版本都需要计算机技术。鉴于这个项目的声誉，我们组织了一个让人眼前一亮的团队作为支持方。万国商业机器公司的销售代表鲍勃·科温（Bob Corwin）当时正在游说牛津大学出版社安装他们的电话网络系统，当我问他能否在《牛津英语词典》项目上帮助我们时，他立即看到了宣传点，随即请来了万国商业机器公司英国区总监，也是后来的政府首席科学顾问约翰·费尔克劳（John Fairclough），他同意投资 200 万英镑的设备和专家资源。当时任大英图书馆董事长的弗雷德·丹顿（Fred Dainton）听说这件事后非常激动，他为此专访了首相玛格丽特·撒切尔（Margaret Thatcher）。不久之后，我们收到了英国贸易和工业部对这个项目 35 万英镑的资金支持。与此同时，当我在牛津郡的一次晚餐上与加拿大滑铁卢大学的校长会面时，他同意滑铁卢大学成为软件合作方。这所大学在软件和语言学方面处于领先地位。最后，里德信息技术公司

（Reed Technology and Information）愿意承担排版工作，他们动员了 120 名费城工厂的打字员键入约 6000 万个单词（两次进行合并和清除操作）[1]，所有内容经过了牛津 50 多名校对人员的检查。

所有这些都与《牛津英语词典》第一版的出版方式以及牛津大学出版社的做法大相径庭。国际化的团队将牛津传统的编辑优势与广泛的合作伙伴联结起来，这些合作伙伴可以提供最新的计算机硬件、生产技术、财务和软件支持。这是一项庞大的工程，但是和第一版不同的是，它如期出版并在 1989 年发布后立马被视为那个年代的重大出版事件之一。第二版的 20 分册一共收录了 29 万个词条，引用了 200 多万条英语引文，仅莎士比亚的就有 3.3 万条，至今依然是过去 1000 年来英语演变的权威指南，造福了世界各地的学者。第二版至少有 4 个光盘版本，2000 年正式上线，现在每年更新 4 次，每次添加几百个新词。

## 离开牛津大学出版社

到了 20 世纪 80 年代中期，牛津大学出版社已扭亏为盈，成本和效率低下的问题，尤其是印刷和生产的低效问题都在解决中。与此同时，词典和参考书业务规模正在扩大，利润丰厚的英语语言教学市场逐年递增，且随着东欧市场的开放越发凸显。企业

---

1　整个项目在不同的地方排版两次，两个文件被合并以消除差异和错误。

管理文化也在变化。鉴于优厚的养老金计划，高管人员往往一到65岁就马上退休，给年轻的出版人腾出了晋升空间。但牛津大学出版社制度方面的许多问题，仍将继续影响和阻碍其发展，最终我很不愉快地（至少对我来说）离开了。

1987年，当时的首席执行官乔治·理查德森即将退休，于是成立了一个遴选委员会，由威克汉姆[1]理论物理学教授罗杰·艾略特爵士（Sir Roger Elliott）担任主席。我那时担任学术和综合出版总监，并申请了最高职位。财务总监比尔·安德鲁斯（Bill Andrewes）也申请了这个职位，我们两个人都参加了遴选委员会的面试。该委员会由牛津大学出版社的学科代表组成，比如杰出的历史学家基思·托马斯爵士（Sir Keith Thomas），但其中没人有任何商业经验。那时候我才不到40岁，我想可能有人担心，如果我这么年轻就得到了这份工作，会一直干到退休，还有25年。当我和罗杰爵士谈到我最多会在这个岗位做10年时，委员会很不满意。之后我听说这是委员会听错了，以为我要求的不是"10年协议"而是"终身职位"[2]。

最后，经过漫长且混乱的过程，罗杰爵士宣布他的委员会没能找到一位合适的接班人，所以他决定自己接任。我已在牛津大学出版社工作了12年，是时候离开了。我和保罗·汉姆林通了

---

1 温彻斯特大主教、温莎城堡的建造者威廉·威克姆（William of Wykeham）建立了牛津大学新学院。它是牛津大学中历史最悠久的学院之一，拥有约620年的历史。
2 英文（ten-year）"10年"和（tenure）"终身职位"发音相似。

电话，尽管那时候他已经不再经营他自己的公司奥克托帕斯出版社（Octopus）了，但他答应帮我找一份工作。这对我来说已经足够了，于是我就在当天离开了牛津大学出版社。

更确切地说，我当时是急于离开牛津大学出版社，因为就像这里的其他事情一样，离开并不容易。罗宾·丹尼斯顿和乔治·理查德森（我的上司和他的上司）那天都没有时间（毕竟那是周五下午），人事总监拒收我的辞呈，理由是他的级别不够高。我唯一的希望就是找到大老板。于是，到了下午晚些时候，我绝望地冲向惠灵顿广场的校长办公室，很欣慰地发现帕特里克·尼尔爵士（Sir Patrick Neill）还没有下班。他看到我时很惊讶，我表达了我想要离职的愿望，他友善地表达了对于我下一份工作还未确认就离职的担忧。当我告诉他保罗·汉姆林答应给我一份工作的时候，他不屑地说："你收到书面录用通知了吗？保罗·汉姆林不就是一个街头小贩吗？"我告诉帕特里克爵士，比起牛津大学，我更愿意相信一位街头小贩。然后和他说了再见。

离开前还有一件事要做。我回到牛津大学出版社的办公室，给校长写了一封正式信函。信中，我宣布将自荐填补牛津大学理论物理教授的空缺。我承认自己"从（英国）高中课程之后就没有再学过物理，但我对这个学科很感兴趣。我意识到牛津大学倾向于从知名物理学家中任命一人，但我希望我的候选资格被认真对待"。毕竟，我继续写道："如果任命一位优秀的物理学家，这将被视为对其他物理学家的轻视。因此，任命一位专业知识很少的人是合适的，这样物理学家们会受到同等的轻视。"此外，作为一个离这个领域有点远的人，我指出，"接纳一名能带来全新视角的人才是真正的优势"。

若干年之后，这封信的打字员、我当时的秘书维维安·史密斯（Vivian Smith）才告诉我，她根本没有把信寄给帕特里克爵士，以她的智慧，她判断这可能对我未来的职业生涯没有好处。

第四章

# 20 世纪出版界的伟大人物
# 保罗 · 汉姆林

我第一次见到保罗·汉姆林是在 20 世纪 80 年代初。牛津大学出版社依然面临财务问题，而罗宾·丹尼斯顿和汉姆林很熟，于是他带我去拜会这位最富企业家精神的伟大出版人，地点是汉姆林在格罗夫纳街的奥克托帕斯出版社的办公室。我们期望双方能达成一些项目合作，也许能迅速为牛津大学出版社带来收益。

　　汉姆林是一个极富创意的交易能手，正是我们需要见的人。我们与他和他的同事乔纳森·古德曼（Jonathan Goodman）坐下来互通想法，一个小时多一点就达成了两份"可以执行"的协议。奥克托帕斯将获得牛津大学出版社的授权，以更加吸引人的精装小开本出版"牛津世界经典"系列图书（World Classics series），而且定价能为市场所接受。他们对我们的参考书和自然历史类选题也感兴趣，比如《牛津鸟类图志》（*Oxford Book of Birds*）[1]，不过他们想以更大的开本出版，充分展示插图。这些都是很好的合作项目，可以让牛津大学出版社的品牌在更大的市场和更广泛的渠道曝光。奥克托帕斯出版社将支付预付金，但是应该给牛津

---

1　中文名为译者暂译名。

大学出版社付多少版税呢？谈判进展太快了，罗宾和我都还没想过这个问题，所以我凭空说了 25%。汉姆林笑得从椅子上摔了下去，直打滚，说他会给我们 5%。最后我们以 10% 的版税率握手成交。总而言之，这是一个富有成效的下午。

从那之后，汉姆林和我一直保持联系。他工作日在伦敦住，周末喜欢在他位于格洛斯特郡的别墅中度过。他的司机科林每周五下午都开着他的宾利送他回去。作为一个 60 多岁的男人，他途中需要方便一下，于是养成了几乎每周五都在牛津大学出版社停一下的习惯，上厕所、喝杯机售咖啡、和我们聊聊出版再接着上路。通过这种方式，我加深了对他的了解，他成了我的导师。

毫无疑问，汉姆林是 20 世纪出版界的伟大人物之一。他 1926 年在柏林出生，小时候因全家逃避纳粹来到英国，战后开启职业生涯，在卡姆登区推着小车卖书。他和罗伯特·麦克斯韦尔一样富有创业精神和事业心，但是他没有可怕的自负和灾难性的人格缺陷。虽然出版领域不同，但是他和麦克斯韦尔一样具有发现市场趋势和新兴商业机会的天赋。20 世纪 60 年代，他预见到英国新兴中产阶级日益富有，而且品位越发精致，于是提出了"咖啡桌读物"这一概念，出版了大量关于艺术、设计、室内装饰、美食和其他生活方式的大开本画册。尽管当时印刷依然很贵，但他的书还是以彩色插图和摄影作品见长，不仅在实体书店上架，也在超市和高街上刚刚兴起的新家配饰商场销售。他和他的朋友特伦斯·康兰（Terence Conran）一样，对消费者有着敏锐的洞察力，他们仰慕优秀设计、关注生产价值。在 20 世纪 80 年代，他们联合创立了康兰·奥克托帕斯出版社（Conran Octopus），出版室内设计、园艺和烹饪等题材的精美图书。他是一位强势的谈判者，但因诚实和绅士风度而广受敬佩。他支持左翼事业，并向工党和博德利图书馆大量捐款。麦克斯韦尔把他的财富花在游艇和足球俱乐部上；而汉姆林成立了保罗·汉姆林基金会，在他去世后的 20 多年，该基金会依然支持着艺术、文化和年轻人。

我认识汉姆林的时候，他正在通往创造第二笔财富的路上。他用了 20 年发展壮大其第一家公司保罗·汉姆林图书公司（Paul Hamlyn Books），之后把它出售给了国际出版公司（IPC，里德国际公司的一部分），又在 20 世纪 70 年代从头再来，创立了奥克托帕斯出版社。他达成了一系列优秀的商业交易，WH 史密斯书店（WHSmith）的批发部为他提供发行服务。他以非常优惠的条件谈妥了价格和数量，与此同时他又从捷克斯洛伐克的印厂获得了低成本、高质量的印刷。但是到 20 世纪 80 年代，汉姆林急于快速发展业务，在从英国 BTR 联合企业的欧文·格林（Owen Green）那里筹集资金后，进行了一次盛大的收购狂欢。在很短的时间里，他收购了海涅曼（Heinemann），其中包括塞克尔 & 沃伯格出版社（Secker & Warburg）及其在潘恩出版社（Pan Books）、海涅曼教育图书公司（Heinemann Education）和金恩公司（Ginn）的股份；收购了拥有批发商书本知识＋公司（Bookwise Extra）的小型连锁书店韦伯斯特（Websters）；

还收购了米特切尔·比兹利出版社（Mitchel Beazley）—— 一家参考书和生活方式类图书出版公司，拥有很多畅销书选题，包括休·约翰逊（Hugh Johnson）的红酒系列图书和《性的欢愉》（*The Joy of Sex*）；他甚至在1986年购回了最初的保罗·汉姆林图书公司。他被亚洲的商业机会所吸引，抽出时间在中国香港成立了一家印刷代理公司，以自己喜欢的酒店名字命名，叫文华书本制作有限公司（Mandarin Offset）。

如此迅猛的发展是有风险的，而且造成了很多混乱，但是回报可观。1987年，他以超过5亿英镑的价格将奥克托帕斯出版社卖给了里德国际公司（Reed International）。里德是一家历史悠久的印刷和包装公司，典型的英国企业，最初由卫理公会家族创立，19世纪，公司以该家族的名字里德命名。几十年来公司稳步发展成为集团企业，拥有英国皇冠涂料公司（Crown Paints）和其他墙纸生意。但在20世纪末期，公司转型进入出版行业，在20世纪70年代收购了国际出版公司杂志集团（IPC Magazine），放弃了印刷业务，出售了涂料和包装业务。公司的战略家决策者急于让公司在国际传媒市场占据主导地位，它以业内大多数人（包括我！）认为过高的价格，买下了奥克托帕斯出版社及其所有的出版及销售权益。

上述这些带来的巨大好处就是促成了保罗·汉姆林基金会的成立，目前它价值约8亿英镑，每年向艺术和教育事业捐赠数千万英镑。对个人而言，这意味着收购刚刚完成我就要在里德国际工作，有很多事情要忙。

## 试水大众出版获得成功

奥克托帕斯被汉姆林出售给里德之前发展迅猛，因此各种各样的业务、品牌、出版社、合作伙伴、授权和协议需要妥当安排。大多数情况是，没有人完全了解到底出售了什么、达成了什么协议，这比我想象的要混乱得多。虽然这是一家纯商业化的上市公司，理论上应该对效率和利润负责，但它其实远没有牛津大学出版社有组织，后者一直是一个高度结构化的机构。里德国际图书公司（Reed International Books）有差不多 10 种版税系统，需要被整合成一种，这远不是一件简单的事。建立版税系统是出版公司最敏感的事情之一，必然会让你最主要的资产，也就是作者，疏远你。每次开会高管们都把"协同效应"挂在嘴边，这就是 20 世纪 80 年代管理层的话术。是有这么多不同的业务和品牌，从图书出版发行到旅游资料、杂志和消费者活动，每个人都非常确定必须有跨部门合作和效率提升的空间，然而，真正的协同效应说起来容易做起来难。

保罗·汉姆林本人不再管理具体事务，虽然他依然是里德的董事会成员。我的上司伊恩·欧文（Ian Irvine）生性好斗，是一位资深媒体高管，现在是里德国际图书公司的负责人。伊恩是一个直率的北方人，他对不能赚钱的编辑和对粗心的服务员一样毫不留情，因而不是很受欢迎。他不是搞出版的（这让他无法得到编辑们的喜爱），最早在塔齐会计师事务所（Touche）工作，该所后来合并成了德勤会计师事务所（Deloitte）。但他是汉姆林的完美陪衬，他在财务上的严谨和汉姆林在商业交易中的直觉是很好的互补。而且，他对所有业务板块都有严格的要求，经常听到他说"这点钱不算什么"，而他总是对的。

我在里德参加的第一个活动竟然在富丽堂皇的格伦伊格尔斯酒店举行，是我在牛津大学出版社时的同事比尔·米切尔（Bill Mitchell）的演讲。他现在负责童书出版，在里德的另一个很不一样的体系中工作，他说他能做出客观的决定。听到这话，伊恩喃喃自语："所以这个浑蛋对业务根本不感兴趣。" 不到一周，比尔就离开了，因为伊恩似乎没有意识到"不感兴趣"和"客观

1986 年潘恩公司董事，从左到右依次为伊恩·欧文、西蒙·马斯特（Simon Master）、尼基·比安·肖（Nicky Byam Shaw）、比尔·麦克马伦（Bill McMullen）、保罗·汉姆林、尼古拉斯·汤普森（Nicolas Thompson）。

的"之间的区别[1]。公平地说，这种事在牛津大学出版社根本不会发生。尽管他很好斗，但人们永远可以相信他会信守诺言，只要你有勇气说出自己的想法，他会倾听并尊重你的意见。

伊恩给我安排的第一个工作就是创建一个新的平装书出版品牌。这背后的故事相当曲折：海涅曼和麦克米伦（Macmillan）之前各持有潘恩平装书出版品牌 50% 的股份，汉姆林出售奥克托帕斯，触发了一条当时里德公司没有一个人注意的条款，即允许另一方（即麦克米伦）买断里德公司在潘恩的股份，价格由独立仲裁人设定。麦克米伦的首席执行官尼基·比安·肖是为数不多认真看了协议的人，出价 2000 万英镑，这比里德公司的理想价格低，但是获得了独立仲裁人的认可。这一切的结果是里德公司失去了平装书出版品牌，而我的工作是创建并快速发展一个新品牌，使其能与潘恩和其他平装书出版社竞争。这个新品牌叫文华（Mandarin Paperbacks），它旗下的文学出版品牌叫米诺瓦（Minerva），童书出版品牌叫麦蒙思（Mammoth）。由于有一系列来自海涅曼、塞克尔和梅休因的新选题，以及里德集团的其他选题支撑，我们很快得到了许多版权。我们还接管了之前授权给其他出版社的选题，将到期的平装书版权到期收回自用。

我们出版的第一本平装书是海涅曼出版社早些年用于出口的版本。早期出口的平装书主要销售渠道是机场书店，为的是在正

---

1　英文 uninterested 译为"不感兴趣"，disinterested 译为"公正、客观的"。

式发行之前比海外版（主要是美国）更早进入欧洲市场。我知道定价要和美国版持平，但是对于印数完全没有概念。当时我刚离开学术出版界不久，对作者和作品都闻所未闻。最后，和销售代表喝过一杯之后，我们决定印 1 万册。这本书是托马斯·哈里斯（Thomas Harris）的《沉默的羔羊》（*The Silence of the Lambs*），所有图书按计划售罄，电影上映后又售出了一两百万册。

里德国际是一家富时 100 指数公司，拥有超过 1.5 万名员工，其中 1000 人在图书部工作。这是一家真正的全球化集团，在澳大利亚、北美和新加坡都有分公司。我在牛津大学出版社时对于出差预算的顾虑在这里完全不成问题，员工们经常往返于各个国家和办公室之间，这里也没有对现代化的抵制或对技术的顾虑。计算机虽然还没有进入编辑部，大家还在用打字机、秘书和大量纸张，但是已经在改变办公室后端系统了。因为这种情况下出现了很多问题。例如，我们了解到，批发商书本知识＋公司的销售代表（主要是男性）工作如此出色的原因之一是，他们开着装满库存的面包车到全国各地推销，方式就是与书店员工（主要是女性）调情。他们中没有人想用现代化的电子订单发行系统，即使在开始采用这个系统的地区，我们的销量还暴跌。

虽然那时候英国的族裔多样化程度还很低，但里德比我以前工作的地方要更女性化，当时出现了第一代不只担任行政职务的女性。海涅曼的大众出版由海伦·弗雷兹（Helen Fraser）负责，童书部由英格丽德·塞尔伯格（Ingrid Selberg）负责，整个集团都由女性担任高管，包括编辑、销售、推广、版权、财务和印制等部门。毋庸置疑，女性仍面临无形障碍，直到 20 世纪 90 年代，没有一家大型出版公司的首席执行官是女性，但是事情绝对在朝着正确的方向发展。

我们的主办公区是切尔西区惊艳的米其林大楼（Michelin House）[1]，一栋建于 20 世纪初的装饰艺术风格建筑，所有者是保罗·汉姆林和特伦斯·康兰，它的风格非常符合他们的品位。这栋楼围绕中庭布局，特点是简洁、通透，甚至不主张我们在办公室放太多的书。楼里有一家很好的餐厅，叫必比登，还有康兰商店、生蚝吧、酒吧和利润很高的花店。汉姆林测算过，这里离好几家私立医院都很近。我们在酒吧里约见作者，我在这里第一次见到了比尔·布莱森（Bill Bryson），这里也是奥兹·克拉克（Oz Clark）和休·约翰逊等人爱光顾的地方。这里的吸引力不仅仅是葡萄酒，因为有时候同事和作者从必比登的盥洗室出来后，明显比他们进去时更活跃、更健谈。

同事们一起打斯诺克、喝啤酒、看板球的日子已经过去，工作和社交的界限没有那么明显了，图书发布会本身变成了一个社交场合，出版商会为它们留出适当的预算。同时，随着水石书店 [2] 在英国高街落地，书店逐渐成为社交场所，可以举办阅读和

---

1　里德只租赁了这栋楼的大部分，楼里还有其他租户，比如一些餐厅。
2　Waterstone's Bookshop 以创始人 Tim Waterstone（蒂姆·沃特斯通）命名。

其他活动。但并不是所有事情都发生了变化，我依旧在办公室里吞云吐雾。

## 轰轰烈烈的 80 年代的坏习惯

经历了 20 世纪 70 年代的停滞不前和 20 世纪 80 年代初期的经济危机之后，我们来到了 20 世纪 80 年代末期。这是繁荣的年代，至少对于足够幸运，能在伦敦快速发展的白领行业工作的人而言，这是个人所得税低、监管宽松、商务开支大、午餐会漫长以及乘坐公务舱参加国际会议的时代。里德是一家上市公司，因此支出最终要能向股东解释得通，但显然这没能阻挡任何人大手大脚。里德公司为我入职举办的与其他高管及其夫人见面的欢迎晚宴在四季庄园酒店举行，那是英格兰当时（现在也是）最贵的餐厅之一。第二年，高管们在佛罗里达州的四季酒店召开高层管理人员研讨会，公司为每个人在豪华珠宝品牌爱丝普蕾（Asprey）那里定制了金袖扣，上面写着里德公司的首字母 "R"。我很高兴，因为 "R" 也代表理查德，我至今依然会戴。还有一年，我们飞到波士顿参观了麻省理工学院著名的媒体实验室，听了未来学家尼古拉斯·尼葛洛庞帝（Nicholas Negroponte）的演讲。他当时是世界上出场价最高的公共演说家之一，他告诉我们纸媒的未来将是三维的，将有更多表面空间，可以传输更多信息。

与此同时，在国际出版公司杂志社，编辑费用已经成为成本的主要构成部分。一位高管出了个好主意，在每月的支出总表中对每种杂志进行排名，并在整个公司传阅，来羞辱最挥霍无度的编辑。不幸的是，或许也并不令人惊讶，随着《嘉人》（*Marie Claire*）、《新音乐快递》（*New Musical Express*）和《乡村生活》（*Country Life*）等杂志的编辑争相成为第一名，公司支出的费用进一步上涨。

以上层面的过度浪费现在看来有点夸张，我之前肯定是从未经历过，事实上，从那之后也没经历过太多。但是，从 2022 年回看，就像我在哈拉普工作时一样，最令人震惊的是汽车文化。伊恩·欧文开着宾利，每一位年龄稍大的高管都开着一辆由里德资助的昂贵汽车。我对车从来都不感兴趣。我们的办公室在市中心，而且我很少出差，所以汽车对我似乎没有什么意义。但我还是先得到了一辆捷豹，后来是笨重的宝马，这是当时英国毒贩喜欢的车型。

比汽车更令人震惊的是包括里德国际的高管都有自己的司机。在位于切斯特菲尔德庄园的总部，有一间司机室，十几个司机全天（包括晚上）在这里待命。牛津大学出版社只有一名内部司机负责送董事和其他需要搭车的员工去机场，但是在里德，我居然有了自己的专属司机马丁（Martin）。如果马丁没空，他的父亲有时会接送我。那时候我已经住在切尔西区了，几乎不需要车或者司机，所以我经常让作者用我的车和司机。如澳大利亚的一位前总理，里德出版了他的自传，他来英国时我会安排马丁开车带他去威尔士见他的红颜知己。保罗·汉姆林和其他人一样十分享受奢华的旅行。他有一辆宾利和很多司机，所有司机都用科林这个名字，这样他根本不用费心记新名字。每年法兰克福书展，科林会提前两天出发，从机场接上汉姆林，先带他四处转转。

毫无疑问，广告和金融等行业的情况更糟糕，但不知为何，这种新兴企业文化和过度行为在出版业似乎更让人难以接受，而这个行业在大众的想象中依然由受过良好教育、穿着灯芯绒夹克的绅士主导。《私家侦探》（*Private Eye*）杂志经常发表一些新一代出版人如何欺压编辑的故事，甚至连《书商》杂志的编辑都很不友好地刊登了他能找到的最有损我和保罗·汉姆林形象的照片，照片里我们俩端着酒杯，看着跟一对财阀似的。

类似的对里德国际的攻击很常见，因为在很多方面，里德是 20 世纪 80 年代末英国出版界的坏孩子。我同事桑迪·格兰特（Sandy Grant）有一次跟我说了一个不恰当的比喻："里德就好比米尔沃尔足球俱乐部[1]，大家都讨厌我们，但我们毫不在意。"的确，从某种程度上讲，这是企业文化，我们在帮助废除《图书净价协议》（*Net Book Agreement*）方面发挥了重要作用；我们（暂时）退出了英国出版商协会；我们不停收回平装书版权。保罗·汉姆林在业内一直以来很受尊敬和喜爱，尽管仍在公司里，他已经不管具体事务了。现在我们有伊恩·欧文，他只参加了书

---

1　英格兰足球俱乐部，其球风粗野，球迷性格火暴。

商协会[1]的一次晚宴，和很多人在现场吵了起来，于是他拒绝再参加，也没人再邀请他了。但里德在业内不受欢迎还有结构性原因，公司因强大的商业推动力而发展壮大，保罗·汉姆林与其说想成为一名出版人，不如说是想从出版中赚钱。毕竟，他一开始不是做书的，只是战后在卡姆登街头卖书。里德对出版产业链的每一个环节都很感兴趣，从在中国印刷到运营伦敦书展，而且我们还以当下不常规的方式做了垂直整合[2]。举个例子，这意味着我们拥有图书俱乐部代理公司（Book Club Associates）50% 的股份。该机构巅峰时期拥有 400 万名会员，是里德和其他英国出版商的最大采购商之一。在很多市场，里德既是其他出版商的竞争对手，又是客户或者服务供应商，这种情形必然会引发不信任。

书本知识+公司的消亡就是一个不幸的例子。该公司归里德所有，曾一度是英国最大的图书批发商，里德尝试采用更加集中的结构，却适得其反，于是书本知识+公司破产了，几乎欠了英国每一家出版商一大笔钱。里德至少能够以每本 1 便士的价格买回全部库存，这将减少版税。但其他出版商就没那么幸运了，这让里德在业内更不受待见。

---

1　The Society of Bookmen 后更名为 The Book Society。
2　垂直整合是指一家公司试图通过控制供应链上的每个环节来主导一个行业。在这里，里德既是出版者，又控制了主要的图书批发商，更集中的结构意味着省去了驻外销售代表，并尝试从总部进行销售。

## 学术出版与大众出版的较量

在学术和教育出版领域工作了 14 年之后，我花了一段时间才让自己适应"商业"出版的不同气质。在某些方面，我至今依然在努力适应。我到里德的第一年参加了一次管理大会（这里有很多类似的会议），其中有一个轻松的小测验环节，就是我们每个人都要提名一本自己本年度出版的最差的书。我非常惊讶，也很天真，发现自己对此有点气愤。在牛津大学出版社，编辑会出版一本无法为其优点辩护的"差书"。这简直是难以理解的事，我们会乐呵呵地调侃一本书主题晦涩或者销量惨淡，但是绝对不会承认它质量很差，或者以粗制滥造的编辑标准出版。

我在牛津大学出版社负责的《单峰骆驼解剖学》（*The Anatomy of the Dromedary*）是我见过的销售最慢的书。它于 1987 年出版，几乎完全不为人知，我觉得大概也就卖了不超过 100 本。事实上，这本书本来不可能成为畅销书。复杂的是，这是一本有关北非和中东的可爱动物的书，作者是两位以色列人和一位南非人。重要的是，这是唯一一本关于单峰骆驼（很难解剖的一种动物）的解剖学指南。在这个领域当时没有一项详细的研究，我想在那以后也没有。换句话说，科学界需要这本书。据了解，这其实是一个很小众的群体，但人们仍然认为他们的需求要被满足。牛津大学出版社没有人会因为出版这种明显非商业类的图书而受到谴责，这不是评判编辑的方式。还应该补充的是，2023 年年初，这本书的二手书在亚马逊（Amazon）以 1500 美元的价格销售，比图腾般的麦当娜写真价格还高。

牛津大学出版社也有它铺张浪费的一面，至少我早年间在那里的时候是这样，而伊利府邸尤其惊人。但是我们的铺张也仅止于昂贵的晚餐和上好的红酒，而且我不记得有谁去完厕所回来

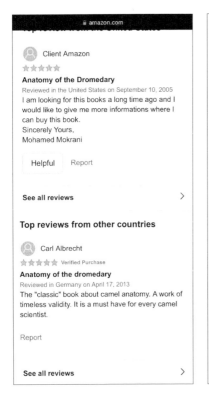

**亚马逊用户关于《单峰骆驼解剖学》的评论：**

我很多年前就在找这本书了，我希望得到更多关于去哪里买这本书的信息。
谨上，
穆罕默德·莫克拉尼

**其他国家的有用评论：**

有关骆驼解剖的"经典"图书。
一部永恒的作品。这是每一位骆驼科学家必备的图书。

亚马逊网站截图。

后坐立难安无法进食[1]。不断增加的开支、一流的国际旅行、奢华的公务汽车，这些都让人反感。而牛津大学出版社的不同并不止于更加严格的规定或者不同的所有权结构。尽管有其种种缺陷，牛津大学出版社一直有一种制度文化。例如，作者致谢里不能单独感谢编辑。这条规定看着很奇怪，但它反映出一种观念：成功的产品是很多人共同努力创造的，因此任何人都不应该被单独表扬。也许这就是尽管牛津大学出版社有种种令人反感的事情，但许多优秀的编辑和出版人依然继续在这里工作的原因。这也在一定程度上解释了为什么无论20世纪80年代初的情况多么糟糕，该社都能够走出困境，并最终在资金方面和知识层面为牛津大学做出了巨大贡献。

以我的经验，最优秀的出版人不仅是为挣钱而积极工作，更多是因为他们真的热爱出版事业。人们希望得到可观的收入，但其他的回报和奖励也同样重要，而一个好的出版公司会提供这些。但在里德公司，赚钱是凌驾在一切之上的任务，我在那里的这些年越发如此。公司有一个严格的目标，就是每年利润要增长15%，我们被给予物质激励来达成这个目标，甚至不惜冒着侵蚀资产基础的风险。这意味着为了达到这个硬性目标，我们有时会售出本应进一步发展完善的良好业务，所以出现问题也不奇怪。比如，里德旅游集团（Reed's Travel Group）一直是很成功

---

1　服用了违禁药物（安非他命或其他类似药品），因此难以进食。

的独立分支，出版旅游指南、时间表和酒店名录。但是 1997 年年末出现了丑闻。高管们被揭露在过去 5 年虚报销量数据。广告商们需要得到补偿，里德·爱思唯尔的股价大跌。正是因为企业文化完全以财务为导向，这种情况才会发生：人们为自己的职位感到焦虑、和同事过度竞争、容易掩盖自己的过错，更可怕的是捏造事实。里德和其他出版社相比，另一个重要区别是没有被正式认可的工会，而且工会在决策中基本没有任何作用。不论什么问题，我都不记得有人问过"工会的想法是什么"。我在哈拉普和培格曼时都是公司在英国记者工会的谈判代表，在牛津大学出版社的管理层时，工会的意见也会被考虑在内。这反映出英国这些年的变化，但也是因为那时候里德集团已经没有任何内部印刷业务了，尽管它是靠维多利亚时期的报纸印刷起家的。它的印刷业务在英国多个独立印厂完成，"铁幕"落下后，很多印刷业务在东欧进行。此外，保罗·汉姆林很早就发现了在中国做生意的潜力，20 世纪 90 年代初就在中国印刷了，由在中国香港的办事处负责。10 年之后，许多英国出版商也会这样做。

和牛津大学出版社形成鲜明对比的是，里德非常重视管理和管理技能。它在专业进修方面投入更多，公司结构和激励措施更加清晰，问责制也更严格。这里实行绩效奖金制。作为一家上市公司，很多高管都持股。毫无疑问，激烈的竞争可能是有害的，它意味着编辑和经理频繁跳槽，也意味着绩效和职责更加明确，管理流程比牛津大学高效很多。

到了 1992 年，我已经成为消费者业务的负责人，分管全部的大众出版业务。伊恩·欧文任里德的董事长，这意味着我将会接管里德国际图书公司的所有业务。然而，大家一致认为，在我接管之前，我需要接受更多的管理培训（这在牛津大学出版社是无法想象的），所以那年秋季，公司花钱送我参加了哈佛商学院的高级管理课程，这是一个面向高管的培训项目。就这样，工作20 年之后，我又回到了大学校园，在 42 岁的时候再次成为一名学生。

班上一共 120 来个学生，除了一个在新西兰出版企业电话簿（Yellow Pages）的小伙子之外，我是唯一一个出版行业的高管。一半学生是美国本土高管。总的来说，他们和欧洲人相比，创业精神没那么强，风险偏好更低，而且大多数有法律背景。我学到最重要的一件事就是，如果工作中有不喜欢的部分，就不应该做这部分工作。这对我是个启发，在那之前，我一直持有一种清教徒观念：领了薪水就应该干工作，而不是爱工作。哈佛大学的商业大师告诉我们，要专注于我们喜欢做的事情，因为我们最有可能做好这些事，然后让其他人去做我们不擅长的事，因为他们一定会比我们做得更好。

我一直记得这一课。比如说，管理中我最厌烦的就是办公室规划。有成千上万页甚至数百万页的说明讲的是如何最优规划办公室，以提高员工生产力、内部沟通效率、工作满意度等。但我从不会受办公室环境的影响，我在现代化、开放式、专门设计的办公室，跟在摇摇欲坠的改建排房里工作一样开心。当谈到公司政治时，没有什么能比关于高管办公室的位置和面积的争论更要命的了。当然，在 20 世纪 80 年代，大家争的是停车位。但是上完哈佛的课后，我总能找到一位对监管办公区规划（你会惊讶于原来有这么多需要安排的）感兴趣甚至很享受的同事，而且他们比我的效率高多了。

## 文学出版的危险

虽然我入职里德的时候已经有 20 年的工作经验了，但是做文学编辑还是个新手，需要一段时间适应。文学编辑对图书和出版的态度有时振奋人心，有时也让人愤怒。我到公司参加第一个会议时就被一位资深编辑震惊到了，她宣称："我太爱这本书了，只要能出版，我去死都可以。"不出版毋宁死，这简直太极端了。即便是在克伦登大楼盛大的出版会议上，编辑们和学科代表需要在校长面前为一本书辩护，也没有人做出带有如此强烈个人感情色彩的陈述。学术出版编辑显然对他们的领域也非常感兴趣，并希望发表对该领域有贡献的高质量内容，但是从来没有对某本书或者某个作者有这样的情感依恋。虽然我曾经听说过有一个医学编辑为了出版一本书威胁要杀人，但在我看来，这都比为之而死要好得多。

现在看来，20 世纪 80 年代末到 90 年代中期被认为是英国文学出版的黄金年代，倒不是说文学作品本身经久不衰。对许多作家和代理来说，这确实是一个赚大钱的时期。当时虚构类文学作品的预付金史无前例地高，结果常常是出版社被掏空。

问题的根源在于激励不匹配：编辑不会特别在意预付金的额度，因为对于他们来说，持久的驱动力不来源于为公司节省开支或者达成一笔利润很高的交易。相反，他们的声望、职业发展和行业地位来源于能够说自己是马丁·艾米斯（Martin Amis）[1]或者萨尔曼·拉什迪（Salman Rushdie）[2]的编辑。实际上，无论高额的预付金是否代表作品的价值，它都会更容易让作品得到媒体曝光。而当时的报纸和杂志，不仅是商业媒体，都热衷于报道文学出版的预付金，以及相关的奖项、争执和竞争。20世纪90年代初，伦敦的一场大型图书发布会都能成为一个大型文化活动，媒体和名人都会出席，出版社也必然会为此花费一大笔钱。

让事情更复杂的是，代理和编辑的技能不匹配，很多一流的文学代理是业内资深人士，也是很难对付的谈判高手。吉莉翁·艾特肯（Gillon Aitken）、迈克尔·希松斯（Michael Sissons）、安德鲁·威利（Andrew Wylie）等人深耕于商业出版，相比于和他

---

1　马丁·艾米斯，1949年出生于英国，英国作家、文学评论家，主要作品有《雷切尔文件》（The Rachel Papers）、《伦敦场地》（London Fields）、《土星三号》（Saturn 3）等。
2　萨尔曼·拉什迪，1947年6月19日出生于印度孟买，14岁移居英国读书，其作品风格往往被归类为魔幻现实主义，作品显示出东西方文化的双重影响。1981年发表的《午夜之子》（Midnight's Children）被视为代表作，获得当年的布克奖，并且在2008年被评为"布克奖40周年最佳作品"。

们谈判的那些一心想成名的编辑，他们在作品的附属权利、合同法、销售预估等方面都更胜一筹。当然，和大多数编辑不同的是，他们对自己所在的代理公司有直接的所有权和股权，力争达成最佳交易不仅是为了客户，也是为了他们自己。

实际上，代理与编辑的"谈判"只是听上去像对手之间的谈判，而实际并非如此。编辑和代理通常是朋友和曾经的工作伙伴，这往往会导致一种不好的倾向：有些编辑会把"管理层"视为敌人，然后站在他们的作者和代理那边，而不是自己的公司这边。这里和我之前的工作一样，都有喝酒文化。但很不同的是，在这里，我们会去苏豪区的酒吧和餐馆，而不是办公室附近的小酒馆；文学编辑往往和作者、评论家、代理、记者及其他出版社的编辑社交，而不是自己的同事。这给管理带来了难题，在编辑参加的大型聚会或者发布会之后，常常能够在《私家侦探》杂志和其他报纸专栏里读到某某公司的新政策或者关于公司内部不和的报道。

文学编辑缺乏商业常识已经到了令人震惊的程度，对于公司财政简直是灾难性的。一个损失特别严重的例子是，塞克尔＆沃伯格出版社一位作者的平装书在过去的 7 年里授权给了企鹅出版社，该社的资深编辑接着和企鹅续约，并自豪地说本次续约价值超过 100 万英镑。我看了一下（已经签署的）协议，发现上面写的不是延长 7 年，而是延长到版权期结束。当我质疑这一点时，这名编辑的回复是该书只差 7 年多一点就进入公版了，多的那一点时间可以忽略不计。事实是，版权期限当时刚刚由作者去世后 50 年改成作者去世后 70 年，所以他所做的不是授权给企鹅 7 年，而是 27 年。这位作者就是乔治·奥威尔（George Orwell），他的著作最终在 2021 年，在销售数百万册后，才进入公版领域。这位编辑似乎只是含糊地知晓版权规则已经变了，这些规则是出版业几乎全部价值的法律基础，他丝毫没有觉得有必要为自己的错误道歉，之后变身文学代理，继续享受着成功的职业生涯。

有一件事尤其能证明与文学领域大人物合作的危险。里德给其下属的梅休因（Methuen）出版品牌的所有作者发快递，请他们更新合同，实际上是以相同的条款和条件与新的法人实体签订合同。快递员骑着摩托车到了安东尼娅·弗雷泽夫人（Lady Antonia Fraser）家请她签字，我们一直以来是她备受好评的多本历史传记的出版商。不幸的是，开门的是她的伴侣、剧作家哈罗德·品特（Harold Pinter），他和快递员发生了口角。品特是出了名的坏脾气，他对这种他认为厚颜无耻的要求感到十分恼火。不久之后，不仅品特宣布要把他所有给梅休因的授权都转给费伯（Faber），他的好友、编剧作家西蒙·格雷（Simon Gray）给我们来信也说他要这样做。我们一直不清楚在安东尼娅夫人家门口究竟发生了什么，但这件事对我们来说代价太大了，也是一个教训，说明在文学界，作者与出版社的关系是多么容易被毁掉。

## 独具特色的非文学类畅销书

梅休因远不只做文学出版，当时它还是英国领先的幽默图书出版商，由杰弗里·斯特拉坎（Geoffrey Strachan）领导。他是梅休因的资深编辑，不仅负责大牌剧作家的图书，也负责童书和一系列非常成功的幽默类选题。在电视台循环播放经典情景喜剧的年代之前，我们会出版电视节目的剧本，比如《弗尔蒂旅馆》（Fawlty Towers）以及彼得·库克（Peter Cook）和达德利·摩尔（Dudley Moore）的短剧。每年梅休因都发布圣诞书单，包括蒙提·派森（Monty Pythons）、丹尼斯·诺登（Denis Norden）、弗兰克·缪尔（Frank Muir）、维多利亚·伍德（Victoria Wood）等人的作品。在录像带和光盘流行之前，这些书是送礼佳品，且品质都很高。幽默大师通常文学素养很高，并与杰弗里及其团队合作，创作原创的内容和素材，有时候作者会在不同类型的作品之间切换。梅休因还出版了约翰·克里斯（John Cleese）的心理自助类畅销书《如何在家庭中生存》（*Families and How to Survive Them*）[1]。在杰弗里的指导下，剧作家苏·唐珊（Sue Townsend）创作出了《少年阿莫的秘密日记》（*Adrian Mole series*）系列，在 20 世纪 80 年代成为现象级的文化作品，唐珊后来成为英国一

---

1 中文书名为暂译名。

流的喜剧小说家。

在童书领域，里德同样通过梅休因（部分通过海涅曼）控制了《丁丁历险记》（*Tintin*）、《大象巴巴的故事》（*Baba the Elephant*）、《小熊维尼》（*Winnie the Pooh*）、《蚂蚁和蜜蜂》（*Ant and Bee*）、《托马斯小火车》（*Thomas the Tank Engine*）等最受欢迎、最畅销的选题和动画人物的版权。我们卖了上百万册迈克尔·杰克逊（Michael Jackson）的自传《月球漫步》（*Moonwalk*），尽管这本书被广泛认为没什么可读性。对我来说这是一种新的出版方式，品牌、营销和公关占据核心位置。

20 世纪 90 年代初，我在美国出差时发现一本叫作《廊桥遗梦》（*The Bridges of Madison County*）的小说被疯狂抢购，已经在《纽约时报》（*New York Times*）的畅销书榜单上待了 100 周了。我回到伦敦后询问了英国的出版商是谁，发现正是我们自己，但是我们自作聪明地将书名改为《黑白之恋》（*Love in Black and White*），因为这里没人知道"廊桥"在哪里。这本书在英国销量平平。我指出，也没有人知道桂河大桥[1]在哪里啊，然后我们给经销商写信致歉，赶快把书名改回它原来的名字，结果销量立刻攀升。

"哪里有热门单曲，哪里就有法院令状"，这是音乐行业的俗话。我在大众出版领域的经验是，销量越多，律师介入的概率

---

1　The Bridge on the River Kwai，电影名，译为《桂河大桥》。

就越大，当涉及大人物的时候更是如此，而在 20 世纪 90 年代初，很少有比罗伯特·麦克斯韦尔更大的人物。

1991 年年末，我们正准备出版汤姆·鲍尔（Tom Bower）的传记作品《麦克斯韦尔：局外人》（*Maxwell：The Outsiders*）[1] 的平装本时，里德国际的首席执行官彼得·戴维斯（Peter Davies）给我打了一个电话。这本书的精装本当时已经由一家小型出版社出版了，但是麦克斯韦尔坚称绝对不会出版大众普及版。在用各种法律禁令威胁彼得之后，麦克斯韦尔使出了撒手锏：如果我们敢出版这本传记，他将命令英国印刷公司（他持有的）立刻停止印刷里德旗下的国际出版公司的杂志。这是一个巨大威胁。面对麦克斯韦尔的霸凌和审查，我们虽不愿让步，但也知道，杂志无法印刷会导致严重业务中断、失业和广告收入冻结。于是我们将该书的出版日期延后，再考虑对策。就在我们深思熟虑的时候，他从游艇上摔了下去。在他去世后不久，我们推出了修订的平装本，结果不出所料地大卖。

《麦克斯韦尔：局外人》不是我参与的汤姆·鲍尔的唯一一部作品。当我们同意出版他为穆罕默德·阿尔 - 法耶德（Mohamed Al-Fayed）撰写的传记时，作为哈罗德百货和其他很多公司的所有者，法耶德对这个项目完全不感兴趣。他邀请我去了哈罗德，问我能不能叫停这本书的出版或者把手稿发给他审查，作为交换，

---

1　中文书名为暂译名。

我能得到一两份礼品。我拒绝之后，他一次又一次在编辑制作过程中向我提出要看这本书的请求。直到我们收到样书，我才请快递员给他送去一本并转达我的致谢。没过一会儿快递员就回来了，手里还拿着这本书，跟我说法耶德先生让他把书和致谢一起还给我，并建议我用这本书擦屁股。

但我参与程度最深的畅销书完全是另外一回事。1992 年年初，我有几天在纽约，就去拜访了当时华纳图书公司（Warner Books）的负责人，想和他叙叙旧。华纳图书公司是媒体和娱乐集团时代华纳（Time-Warner）的出版分支，他当时很郁闷，他的老板当天早上刚刚宣布与流行歌星麦当娜达成了 2500 万美元的巨额交易，包括两张专辑、一盘录像带和一本书。让他很恼火的是，这份合同里的图书部分占了 500 万美金，一下就花光了他当年的全部选题预算。为了在一定程度上帮他摆脱困境，我立即向他出价 100 万美元购买该书美国之外的英文版版权。他感激地接受了，他能告诉我的只是书名叫《性》，里面有很多照片。

我回到伦敦之后，发现大家对我带回来的这桩买卖意见很不一致：营销部告诉我这是那种用一只手翻的书；梅休因和海涅曼也拒绝出版，因为它们出版童书，编辑们不想自己的品牌被玷污。因此，我们决定由塞克尔 & 沃伯格出版，尽管他们也很抵触。这本书进入生产流程之后，我去了哈佛商学院。

随着这本书的编辑和制作过程推进，其内容也开始泄露给媒体，更加剧了人们的焦虑。谢天谢地，我当时大部分时间都在波士顿，但是我母亲很担心我回来后会因为出版色情书籍而入狱。美国有的印刷厂拒绝印刷《性》，因为他们是《圣经》的印刷者。保罗·汉姆林当时仍是里德的董事长，我有一次回伦敦时，他让我去见他，和他一起检查校样。我们在沉闷中翻阅了这些照片，他唯一的评论是："我一点也不喜欢带狗的那张。"但已经到这个阶段，我们做什么也不能改变现状了。

我在波士顿时收到了样书，学院的邮递员拿着书冲了过来。当时，我正忙于组建一支由国际学生组成的板球队，这是即便在最好的时间也很难办的事情。结果那天下午的练习被迫终止，因为整个球队挤作一团，一窝蜂地涌向那本书。就在那时我知道了，至少销售不会成为问题。

我南下到纽约肉库区参加这本书的首发式，这地界如今非常潮，但当时天黑之后是个禁区。当出租车司机战战兢兢地把我送到这里时，我立刻意识到我严重误判了着装要求。我一身哈佛大学成熟商科学生的打扮，而几乎所有人都半裸着。模特们在舞台上摆造型，重现书中部分露骨的照片。这和牛津大学出版社的编辑会议相去甚远。在喝了和我的体重一样多的香槟之后，我在黑暗中踉踉跄跄地四处乱撞，被介绍给了麦当娜的公共关系事务主管，我们讨论了邀请麦当娜去哈佛商学院做一次营销演讲的想法，很显然麦当娜自己对此很感兴趣。我凌晨1点摇摇晃晃地离开，从纽约宾夕法尼亚车站上了火车。车站里空空如也，只有流浪汉和醉汉，但这是整个晚上我第一次觉得相对安全的时刻。回到哈佛，我告诉项目主管，麦当娜愿意做一场营销演讲。他非常激动，但觉得应该上报给院长。院长当即否决了此事，所以麦当娜从未有机会在哈佛商学院发表演讲。这实在太遗憾了，因为她是公认的 30 年来最伟大的市场营销专家之一。

在英国，里德印刷了 18 万册《性》，市场零售价 25 英镑，瞬间售罄。两周后我们重印了 18 万册，依然销售一空。这本书被认为是 20 世纪 90 年代流行文化的经典之作，如今第一版带包装的《性》的新书售价为 1000 美元。无论保罗·汉姆林如何看待这本书，作为一向精明的投资者，他确保自己留了 10 本。非常遗憾的是，这实际上是一份两本书的协议，但据我所知，续集无声无息了。

第五章

# 图书定价政策和销售方式的巨大变革

## 大众出版的"大爆炸"

我在里德的第一年都用来建立文华平装书出版品牌，因为这是大势所趋。在此之前，自从艾伦·莱恩（Allen Lane）在 20 世纪 30 年代开创了适合大众市场的平装书开本，几乎所有大众出版商都想把他们的平装书版权授给像企鹅和潘恩这样的出版商。在电子订单和线上销售的时代来临之前，这种"重印书"公司通常被认为是唯一可以有效进入更大市场的公司：它们有庞大的销售代表团队、更强的发行能力、营销推广专家，可以将大量图书发至报刊经销商、车站和机场。这些渠道的一个常见的特征是，书店结账柜台旁边的书架和旋转架上通常摆着知名畅销书的平装版，这些架子由潘恩或者柯吉（Corgi）提供，销售代表进店之后经常会在竞争对手的旋转架上摆放他们自己的产品。传统的出版社，或者叫"新书"出版商，没有足够的信心以上述方式参与竞争或自己做平装书的推广和销售。但在 20 世纪 80 年代，这一切都变了，出版商认为是时候停止将他们最有价值的资产授权给别人了，特别是竞争对手。意料之中的是，这种改变并不是一帆风顺的。牛津大学出版社的很多重点选题之前都授权给了格拉纳达传媒电视集团的子公司格拉那达出版社（Granada Publishing），但现在这些授权合同都被重新审视。在我们最受欢迎的选题之一《牛津儿童词典》（*Oxford Children's Dictionary*）平装版的 7 年授权期已满，即将续约时，我们决定撤销这一授权合同，自己出版这本词典的平装版。格拉那达出版社当时的老板是阿尔温·伯奇（Alewyn Birch），一个精力充沛、性格好斗的人，他立马暴跳如雷，起诉了牛津大学出版社。

幸好我们能通过仲裁解决问题，不用花重金上法庭。但没那么幸运的是，仲裁判决公布时，阿尔温和我都在墨西哥城参加 1984 年的国际版协大会。我们收到判决书时，正一起在酒店餐厅吃早餐，于是我被迫第一时间目睹了他强烈的不满。但阿尔温是一位优秀的出版人，几年之后，里德成立文华品牌时，我们聘请他作为顾问指导工作。

可以理解阿尔温当时为何如此生气，因为这样的先例预示着一种生存威胁。随着越来越多的新书出版商采取同样的策略，平装书出版商，或者叫"重印书出版商"，正面临无生意可做的风险，因为他们的选题来源消失了。这解释了为什么彼得·梅尔（Peter Mayer）在担任企鹅出版社首席执行官时，他的应对策略是收购哈米什·汉密尔顿出版社（Hamish Hamilton Publishing）和迈克尔·约瑟夫出版社（Michael Joseph Publishing）等新书出版商，这相当于建立了那时候所谓的"垂直"出版公司，精装书和平装书出版品牌归同一家公司所有。这被比喻为在同一时期出版业发生的"伦敦金融城大爆炸"，而且出现了类似的整合。以前是市场分工不同的独立金融服务公司，现在正在合并或相互收购。短短几年时间，几乎没有新书出版商和重印书出版商之分了。从 20 世纪 90 年代开始，图书都先以精装本（或至少是大众平装本[1]）发行，大约一年后同一出版商出版更便宜的平装本。除了翻译版权和特殊版本权利之外，比如为有视力障碍的人士出版特大开本，以上就是大多数大众出版的结构。

上述改变带来的一个没有被充分认识到的结果是，作者的收益增加了。以前的传统是，平装书出版商给新书出版商支付一笔预付款，然后支付版税，版税由新书出版商和作者平分。但从现在开始，出版商只有一份版税合同，不管出版什么开本，都要给作者按和以前一样的版税率（通常是封面零售价格的 5% ～ 10%）付款。因此，实际上作者收到的版税是之前平装书的两倍。

## 不断变化的零售市场格局

出版企业的变化和相互兼并的现象反映出当下图书销售的变化和对这种变化的回应。

---

1　大众平装本（trade paperback）指的是和精装版开本相同的平装本，主要在机场店上架销售，一般在一年后，会出版传统意义上的小开本平装本在书店销售。

多年来，在书店工作是进入出版业的传统路径。但我和同时代入行的人不同，我从未做过图书销售，学生时期也没有。然而，我在哈拉普的第一份工作让我立刻明白了出版和销售是紧密相连的。我们位于霍尔本的办公室离全世界最伟大的图书销售中心之一非常近，我们确实需要这么近，因为书店经理每天都会到我们出版社一层的库房订购图书。事情好像是这样的：自从福伊尔兄弟和其他人在20世纪初开了自己的书店之后，查令十字街就成了书店的代名词，也成了国际知名的爱书人士之选。

但这一切将被改变。1982年，第一家水石书店在老布朗普顿路开业。作为蒂姆·沃特斯通（Tim Waterstone）战略的一部分，它开在了略显破旧且租金更便宜的地段，而非那个区域的主街即国王路，这样做可以帮助提高附近社区的知名度。蒂姆·沃特斯通因改变了图书销售而得到赞扬（和一些独立书商的谴责），其实这是大势所趋：很多高质量的全国连锁书店都在当时涌现并发展壮大。潘托斯公司（Pentos）收购了狄伦书店（Dillons），它们经常被视为水石书店的直接竞争对手。拥有很多优秀童书的奥塔卡书店（Ottakar's）也在起步。与此同时，布莱克威尔正在大学校园和城镇建立书店网络。当时成长中的独立书店"书及其他"（Books Etc）出售给鲍德斯集团（Borders Group），该集团20世纪70年代以来在美国大学城迅速发展。多年来，人们要么选择小型家族书店，要么选择WH史密斯书店（蒂姆·沃特斯通开启职业生涯的地方）。这些连锁书店令人耳目一新：库存充足、设计讲究，而且至少在一开始员工全是有热情且博学多识的青年男女。在其发展最佳时期，能提供与独立书店同样的亲密感和愉悦感，同时又能提供管理有方的大型零售公司的服务。相应地，这些连锁店的业绩是通过增加媒体曝光以及大众、文学评论家对知名作家的兴趣来刺激的，如马丁·艾米斯、萝丝·崔梅（Rose Tremain）、朱利安·巴恩斯（Julian Barnes）和威廉·博伊德（William Boyd）等。报纸也推出了大幅评论增刊，需要内容来填补。

超市紧随其后。随着超市稳步吞噬越来越多的零售市场，从食品杂货到服装、家用电器和家居用品，图书进入它们的视野是必然的事。超市从烹饪书和室内设计类图书起步，逐渐引入大众书、童书和虚构类图书。2007年《哈利·波特》系列的最后一部上市时，超市渠道订购了50万册，大大抢了书店的生意。到2011年，事态已经发展到《书商》杂志将"年度连锁书店"大奖颁给了森斯伯瑞超市集团（Sainsbury's）。

鉴于此，我们更容易理解为什么大众出版也彻底改变了。出版商（如哈拉普）认为自己需要离伦敦主要图书销售区很近的日子已经过去——到20世纪90年代，水石书店在英国已经有200多家店了。需要大量销售代表到全国各地每一个城镇的书店推销图书的日子也过去了——电子订单和库存管理系统不仅带来了效率，而且带来了完全不同的与书商交流的方式。虽然过去几年中独立书店数量的上涨令人振奋，但更重要的事实是，这是它们经历了 20 多年的持续衰退之后出现的。对于当下的出版公司来说，比区域销售代表更重要的是和批发商谈判争取更好的合作条款，建立高效的库存和发行系统，以及维护好与水石书店和超市管理层的合作关系，更不用提亚马逊了。

面临超市和亚马逊的双重压力，高街上的整合速度只增不减。2005 年前后，在我担任英国版协主席时，水石书店集团想要出价收购奥塔卡书店，我们通过竞争管理委员会（现在的英国竞争和市场管理局）阻止此事，但没有成功。其实我们一直知道成功的希望渺茫，原因是，为了证明这场并购会带来市场垄断风险，我们首先得对所涉及的领域下一个准确而严格的定义。如果其范围仅限于高街书店，那么我们还有可能胜利。但是现代零售业格局中有更广泛的参与者如超市，当然还有亚马逊，它在英国所有图书销售额中占比约 50%。在这种情形下，判决认为奥塔卡并入水石集团对消费者影响微乎其微，"不会导致竞争大幅减少"。到 2022 年年底，水石集团收购了福伊尔的 8 家书店和布莱克威尔的 18 家书店，也就不足为奇了。监管机构对此没有任何兴趣，水石集团将其商业条款应用于这些收购项目，从而进一步降低了图书收入中本该属于作者和出版社的份额，出版商和书商的反应也只能是无奈地耸耸肩。

# 图书俱乐部的消亡

书店所经历的起起伏伏和它们在互联网时代所面临的困境都被很好地记录了下来，报纸也在持续报道它们未来的走向。不太为人所知的是图书俱乐部和邮递销售，以及它们在 20 世纪 90 年代中期突然衰落的故事。其实很多年来，图书俱乐部是图书销售格局中的重要组成部分：这是一种购书方式，不论你住在哪里都能买到书，也是默默无闻的作者获得关注以及图书找到属于它们的市场的途径。很多作者，尤其是威尔伯·史密斯（Wilbur Smith），通过图书俱乐部稳步建立了形象，职业生涯大获成功。

最著名的要数图书俱乐部代理公司，它由道双日股份有限公司（Doubleday）［之后被贝塔斯曼集团（Bertelsmann）收购］和 WH 史密斯公司在 20 世纪 60 年代合资创建。图书俱乐部代理公司开始主导市场不是靠自己的品牌，而是靠 20 多家大众和主题图书俱乐部：从世界图书俱乐部（World Books）、文学协会图书俱乐部（The Literary Guild）、每月一书图书俱乐部（Book of the Month Club），到科幻、军事历史、板球和其他图书类别的俱乐部。20 世纪 90 年代初期，WH 史密斯将其在图书俱乐部代理公司的股份以 5000 万英镑的价格出售给了里德国际公司。我曾是尽职调查小组的一员，因此我是里德在图书俱乐部代理公司的董事会成员之一。不久之后，图书俱乐部代理公司开始走下坡路，不过客观地说，这不完全是我的责任。

其他图书俱乐部的情况是，大多数都有很长的历史。它们的商业模式是首先让客户注册成为一个图书销售联合体的会员，会员可以以比常规书店便宜很多的价格购买图书，前提是每年需要购买一定数量的书。在加入某个图书俱乐部并承诺购买定量图书的时候，人们就是会员而不是顾客了，而俱乐部不受《图书净价协议》的制约，该协议要求图书的售价不得低于封面价格。

这种图书俱乐部倾向于采取薄利多销的方式，而图书的销量确实非常高。20 世纪 80 年代的鼎盛时期，图书俱乐部代理公司的邮寄名录上有 400 万人，其中 250 万为活跃会员，年销售额超过 100 万英镑，且利润空间很大。但这是一个富有挑战性的业务，依赖于不断增加会员数量，而这几乎都是通过在每周日的大幅报纸的增刊和封底刊登广告来实现的，主要是《星期日泰晤士报》（Sunday Times）。广告版面中有一个优惠券，读者需要把它剪下来，填好信息寄回，到次日也就是周一中午，营销经理就能比较准确地判断广告效果有多好、收获了多少名会员。大家普遍认为，吸引 1 名新会员注册的成本是 50 英镑。根据经验推算，只要他们在俱乐部待够两年，就能为公司带来 100 英镑的利润。我在那里的时候，领悟到的重要市场信息是，当我们取消优惠券周围的小剪刀图标和虚线时，人们的回应会急剧减少。吸引会员的最好的选题要么是万无一失的选择，比如参考书；要么是略带挑逗性的选题，比如《性的欢愉》，这类书人们宁愿通过邮寄的方式购买，而不愿意去书店现场。

作为一个合资企业，图书俱乐部代理公司的董事长由贝塔斯曼和里德的老板轮流兼任，这可不是什么轻松的关系，而且二者管理风格相去甚远。最糟糕的时刻是，贝塔斯曼的代表、董事长曼弗雷德·赫里格（Manfred Herriger）要开除当时图书俱乐部的首席执行官格雷厄姆·威廉姆斯（Graham Williams）。而我认为他的工作很出色。我当时是副董事长，所以赫里格问我能否把格雷厄姆约到我在伦敦的办公室见面，赫里格按约定飞往伦敦参加会面，但会前 10 分钟才告诉我，他认为自己英语不够好，无法和格雷厄姆解释清楚他将被解雇的事，所以让我来说。格雷厄姆是一位才华横溢的出版人和营销主管，他后来去经营帕尼尼贴纸生意了。

1993 年，图书俱乐部代理公司的销售额达到峰值，接近 1.5 亿英镑。但这种情况没能持续太久，因为《图书净价协议》的终止从根本上破坏了图书俱乐部的商业模式。很多大众出版人认为这一天不会到来，因为即使没有和零售书相比有监管方面的优势（即不受《图书净价协议》约束），图书俱乐部和邮购依然会是建立忠诚客户关系的持久方式，并且能够将图书送到那些远离传统书店的地区。但事实并非如此，会员数量持续下降，到 20 世纪 90 年代后期亚马逊在英国上线，这一商业模式彻底终结。于21 世纪初期倒闭之前，图书俱乐部代理公司在经历了多次出售和重组。

如今在英国，图书俱乐部依然存在，但规模很小而且往往是专业性质。会员注册订购盒装打包的图书不是为了价格便宜，而是获得专业挑选的服务，对有些类别而言，比如奇幻类作品，订阅盒依然能拉动销售。最后一家成功且真正意义上的大众市场的图书俱乐部公司叫"读书人"（The Book People），由泰德·斯马特（Ted Smart）创办。他最开始时开着一辆装满书的卡车在萨里四处转悠，采用的是一种完全不同的商业模式：他到各个办公室和其他办公场所，直接把书卖给员工。到了 1990 年，在全国已有百余家"读书人"的经销商走访银行、学校和医院等工作场所了。

20 世纪 90 年代初期，我邀请泰德·斯马特和当时图书代理俱乐部的董事长赫里格共进午餐，探讨大家是否可以在某些领域合作。赫里格对此不屑一顾，读书人俱乐部那时年营业额仅1000 万英镑，是图书俱乐部代理公司的零头。这种事情的走向总是相似的，短短几年，读书人俱乐部的营业额就高于图书俱乐部代理公司了，但他们也发现自己很难与亚马逊等公司竞争，于是转向了在线销售，避免了破产。

## 神学出版的没落

人们的共识是，《圣经》是有史以来最畅销的图书。里德公司可能已经售出数十万册麦当娜的《性》，但据估计，《圣经》

的印刷量超过了 50 亿册。15 世纪 70 年代，威廉·卡克斯顿刚刚把第一台印刷机引入英国，人们就开始印制《圣经》了。确实，《圣经》和宗教类图书几个世纪以来一直是英国出版业的中流砥柱。

但这种情况如今已不复存在，只是人们还没有广泛认识到。回看过去的半个世纪，我们很容易关注到增长最显著的领域——科技出版、英语语言教学、儿童文学和咖啡桌画册，但我们最好把它们理解为一系列转折点。出版人进入某些领域，导致其他领域有所衰落，其中最大的变化可能是英国从神学出版的国际中心变成了英语语言教学出版的国际中心。

20 世纪 80 年代，在牛津大学出版社，《圣经》和祷告书仍然利润很高，虽然它实际上是印刷而非出版业务。这类书基本不需要编辑加工，重点是为教堂提供不同的开本和封面版本，包括不同的材质、颜色，镶金边或者银边（产品多样化很好的例子）。在英国，这些图书销量不断下滑，因为 20 世纪末期，去教堂的人数锐减，但不是所有地方都是这样：牛津大学出版社的《司可福串注圣经》（Scofield Reference Bible）最早于 1909 年出版，由原教旨主义神学家司可福（Cyrus Scofield）加注，随着越来越多的福音派基督教占据主导地位，这一版在世界上很多地方的销售额都在增加。

几个世纪以来，牛津大学出版社作为圣经的《英王钦定译本》[1]（*King James Bible*）的出版商，一直有责任保护其免受盗版侵害，这意味着每年都会在威斯敏斯特大教堂召开一次"圣经版权保护者"大会，我作为牛津大学出版社的代表参加。这个会一般会持续一上午，与会人包括多位主教、神学家、高级神职人员，会议开始时大家向上帝祷告，请求上帝帮我们做出正确的决定。我在的时候，讨论的主要问题是更新《新英文圣经》（*New English Bible*），它是 20 世纪 60 年代由教会学者委员会编写的，方便现代读者阅读。审议过程十分冗长，毕竟人们花了将近 400 年的时间才正式修订了《英王钦定译本》。我现在可能依然是"圣经版权保护者"之一。

20 世纪 90 年代的里德仍然有一些通过出版《圣经》赚钱的方法，保罗·汉姆林自己此前不久就这么干过，他与乔治·韦登费尔德（George Weidenfeld）和马库斯·西夫（Marcus Sieff）达成了协议，在玛莎百货（Marks and Spencer stores）上架销售《圣经》。讽刺的是，《新约》（*New Testament*）是由 3 位犹太人带入英国大众市场的，这一点他们仨也很清楚。通过汉姆林的其他各种收购，我们无意中发现自己拥有一家《圣经》出版社，叫爱与斯波蒂斯伍德出版社（Eyre and Spottiswoode Publishing），

---

1　1603 年英王詹姆斯一世（James I，1603—1625 年在位）为使英国各教派融洽相处而主持译出的《圣经》译本，1611 年出版。

它一般以"皇家印刷人"[1]形象示人。这是一家于 18 世纪创立的小型印刷厂，办公地点在伦敦，20 世纪 70 年代与梅休因合并。爱·梅休因和牛津大学出版社、剑桥大学出版社一样，拥有圣经《英王钦定译本》的永久版权（在英格兰，不包括苏格兰）。尽管国际知识产权法则已经标准化，永久知识产权仍是一个例外。另一个大家更熟知的反常例子是，一条特定的立法授权大奥蒙德街医院（Great Ormond Street Hospital）永久享有詹姆斯·马修·巴利（J.M. Barrie）作品《彼得·潘》（*Peter Pan*）的版税。里德对这些没有多大兴趣，所以我们决定向别无他选的两位竞价者中的任何一位出售圣经《英王钦定译本》的出版权。我们采用的是盲拍方式，那天早上报价单从传真机打印出来的场景很令人难忘，最先到来的是牛津大学出版社可观的 10 万英镑的报价，我们蹲在传真机周围接着等。一个小时后，剑桥大学出版社的报价来了，传真机气喘吁吁地打印出来令人震惊的 90 万英镑的报价单，让我们惊喜不已。唯一的难处是剑桥大学出版社要求同时得到国王的御印，经过一周的慌乱、疯狂搜寻，终于在一位律师位于地下室的办公室里找到了。

如今，出版社几乎不可能为了《圣经》的出版权出如此高的价格，哪怕是永久出版权。虽然英国现在依然有很多小型基督

---

1 Queen's Printer，经授权作为王室的御用印刷人，负责刊印王室公告（Royal proclamations）、议会立法（Acts of Parliament）和其他政府文件。

教会的出版社，但大多数都是家族企业，服务于本土市场和宗教群体。相比之下，北美的宗教虔诚度更高、福音派基督教影响更大，因此宗教出版依然是大生意。在过去的 20 年里，哈珀柯林斯（Harper Collins）的基督教出版分支已经收购很多公司，而且在宗德万（Zondervan）旗下建立了很多出版品牌，每年营业额超过 1 亿美元。

但神学出版在塑造如今英国出版业的作用方面不应被忽视。不仅牛津大学出版社和剑桥大学出版社的历史与宗教题材的出版和印刷密不可分，哈珀柯林斯的起源也与此相关。其创始人威廉·柯林斯（William Collins）是一所长老会学校的校长，1819年在格拉斯哥建立了一家出版圣歌和祷告书的公司，而他的成功很大程度上归功于拥有《圣经》在苏格兰的出版权。更宽泛地说，过去 50 年，英语语言教学类出版在世界范围内的扩张在很大程度上依赖于最早由英国宗教出版商建立的公司、出版社和贸易网。

## 《图书净价协议》的终结

20 世纪 90 年代初，欧盟颁布了《版权指令》（*Copyright Duration Directive*），协调了所有欧盟成员国的知识产权，并且确定版权期限为作者去世后 70 年，无论作品是何时出版的。这取代了此前英国和其他很多国家根据 1886 年《伯尔尼公约》制定的作者去世后 50 年的版权期限。这仅是欧洲层面的决策，虽然受到出版商、作者和行业协会的欢迎和支持，但并没有引起很多业内人士的争论或者讨论，尽管它对版权资产价值和出版商的资产价值大有裨益。

这和过去 50 年里的另一个重要监管变化完全不同：对图书零售价格的维护，即《图书净价协议》的终结。这个问题在 20 世纪 90 年代让整个行业产生了严重分歧，也是我在里德时的工作重心。这份出版商协会和书商之间存在已久的协定可以追溯到 1900 年，它意味着在英国出版的所有图书的售价不能低于"封面价格"，即出版商的定价，任何试图以低于此价格售书的书商都将被视为违约。

《图书净价协议》在 20 世纪经受了挑战和考验。20 世纪 60 年代，限制性贸易行为法院（Restrictive Practices Court）进行了一次调查，但裁定该协定应该保留，因为高利润的畅销书能让出版社有能力出版一些小众作者的优秀图书。同时，各方达成一致，在每年 1 月，有一周的时间允许书商打折销售库存书；出版商可以将教材定为"非净价"图书，以折扣价直销给学校；二手书不受《图书净价协议》的约束；图书馆也有折扣规定；图书俱乐部更是通过建立会员资格钻空子绕过规定，让会员们支付订阅费以选购打折的图书，而不是各自购买；进口书也不在《图书净价协议》的管辖范畴内。

尽管体系中存在裂痕，《图书净价协议》一直存续到 1997 年 3 月才最终被压垮。20 世纪 80 年代的历届保守党政府都不待见《图书净价协议》，把它视为他们在意识形态上反对的保护主义法规。但值得一提的是，保罗·汉姆林虽然不是保守党成员，但他也反对该协定，理由是这会让零售商变懒惰，从而妨碍图书销售的创新。我反对的原因更加实际，因为我很清楚人们在找越来越多的方法绕过它，而且在急剧变化的零售市场格局中，它不可能维持太久。大型连锁书店正在扩张，超市也在进军图书销售领域，如果英国出版商坚持以固定的封面价格售书的话，那么这些强大的零售连锁书商将从不受《图书净价协议》约束的美国出版商那里进口图书，再以优惠价格出售给小型书商。但这当时在业内是小众观点，大多数出版商仍强烈反对废除它，而独立书商则看重其给予他们的保护。

随着特里·马厄（Terry Maher）的潘托斯零售集团旗下的狄伦连锁书店从伦敦迅速扩张到在全国拥有上百家书店，事情发展到了白热化程度。马厄是《图书净价协议》尖锐的批判者，多年来一直公开争取废除它，现在他经营着全国最大的连锁书店，他认为机会到了。1989 年，马厄宣布狄伦将以低折扣销售当年 6本入选布克奖短名单的小说。秋季公布的布克奖短名单是英国小说每年的高光时刻之一，也是重要的媒体活动。这显然是马厄高调的挑衅行为，它立马让出版商和其他书商陷入了窘境。

那一年，里德有 2 本书在布克奖短名单上，我们对此做好了准备。我们的预防措施是事先更新了电子化销售系统，这样所有的选题都能以"非净价书"销售。令出版商协会非常不悦的是，我们跟随了狄伦书店的做法，并在知晓这些书会以低于封面定价的价格销售的情况下向它们供货。因为所有这些书都确定为非净价，所以我们可以保证图书供应。

就像马厄想要的那样，《图书净价协议》的影响力被严重削弱。时任霍德集团首席执行官的蒂姆·希利·哈钦森（Tim Hely Hutchinson）迫切想要折价出售他最重要的图书，以占领大众平装书市场，而且和我们一样公开宣布无论售价多少，他都会给狄伦书店供货。这导致里德短暂退出了英国版协，但考虑到里德国际下属的各类公司的会费至少占全部会费收入的 10%，双方很快达成了和解。许多书商同样恼火，一家著名书商家族的负责人托比·布莱克威尔（Toby Blackwell）非常气愤，想禁止位于牛津的布莱克威尔书店旗舰店售卖里德的图书。这大概是不合法的，所以他们决定让顾客尽可能不易买到我们的畅销书。大部分愤怒都发泄在艾伦·阿尔伯格和珍妮特·阿尔伯格夫妇（Janet and Allan Ahlberg）绘制的儿童绘本《快乐的圣诞邮递员》（*The Jolly Christmas Postman*）上了，这本书是根据他们深受喜爱的"快乐的邮递员"系列改编的，该系列为 1991 年圣诞季特别定制。这本书没有放在柜台附近，而是放了童书区后面最上层的书架上，每当有人想买这本书时，可怜的店员都不得不走到书店最后面爬上梯子去取。因而唯一的实质性后果是，这影响了书店的销售业绩。

不到 1 年，英国公平交易局（Office of Fair Trading）的局长

呼吁对《图书净价协议》进行审查，之后，限制性贸易行为法庭推翻了 1962 年的判决，宣布该协定不再符合公众利益。现在的观点是，《图书净价协议》的废除意味着对于消费者来说图书价格可能会更低，这一点足以压倒其他所有的考量因素。尽管英国版协的许多会员怨声载道，协会也不愿采取进一步行动了。可这还不是事情的结局，约翰·卡尔德（John Calder）接管了为《图书净价协议》辩护的任务。他是一位独立出版人，继承了大笔财富，在 20 世纪 60 年代因主办艺术沙龙并出版欧洲先锋派文学领军人物的作品而扬名立万。卡尔德谴责出版商协会未能和公平交易局抗争是"自取灭亡"，于是独自挑战这一裁决。

就这样，我被皇家司法院（Courts of Justice）传唤作为卡尔德诉状的证人。而他尝试扭转的是如今被政府和行业所接受的事情，这完全不切实际。在法庭上被讯问可不是什么愉快的事，但问话刚一开始，我的紧张就消散了。那天的法庭上，卡尔德没有提出任何维护《图书净价协议》的合理论点。他没有请律师，自己陈述了一系列古怪的言论。他以我在大学里学的是科学而非人文学科所以不能成为一名合格的出版人作为开场，请法官予以关注。接着，他指出纽约的自杀率比伦敦高 3 倍，这可以归因于美国从未有类似于《图书净价协议》的规定。法官对他的耐性似乎比我还差，最后维持了原判。

这些都是 20 世纪 90 年代的争斗，当然，没有人能预见到互联网是如何在短时间内改变了图书销售和所有形式的零售的。当然，马厄提出的废除《图书净价协议》能使图书销售更加繁荣的论点是错误的，现在独立书店比以前少太多了。同样，很多出版人都十分希望该协定的废除能减少退货，而且书店可以以更低的价格出售库存书，而非把它们退回。可惜的是退货率和原来一样高。但是也应该说，那时候被严重警告的很多事情并没有发生，废除《图书净价协议》之后，英国的出版品种数只增不减，图书总销量也是如此。

如果《图书净价协议》依然存在，那么亚马逊非常有可能永远无法如此猖狂地打折并以现在的方式主导英国市场。大家还经常指出，在法国、德国和欧洲其他地方依然存在等同于《图书净价协议》的规定，这就是为什么至今依然能在巴黎和其他城市的市中心见到很多书店。然而，一个经常被忽略的差别是，这些国家的语言不是英语，这是一层天然的保护，也就是书店不会充斥美国进口书。英国出版人和小型书店面临的问题是，美国从来没有《图书净价协议》，所以大型零售商经常能够以更低的价格进口美国的图书。当《哈利·波特与死亡圣器》（*Harry Potter and the Deathly Hallows*）上架销售时，阿斯达（Asda）等连锁超市预订了 50 万册并以低于布鲁姆斯伯里建议零售价 17.99 英镑的价格销售，如果布鲁姆斯伯里拒绝供货，那么阿斯达将乐得从美国进口此书。

《图书净价协议》终结 25 年后，它对图书出版和销售的影响仍然很难判断。在这个问题上的分歧可能不再情绪化，但仍然存在，而詹姆斯·当特（James Daunt）已经降低了水石书店的折扣价格。然而，在约翰·卡尔德之后，没有人再试图在法庭上质疑此事，因为似乎再也不可能了。布鲁姆斯伯里的首席执行官奈杰尔·牛顿（Nigel Newton）明确表达过他的想法，他不止一次对我嚷嚷："你们到底为什么要取消那个利润保护协议？！"

## 里德爱思唯尔：反对图书的出版商

1992 年 10 月下旬的一天夜里，我在波士顿哈佛商学院的学生宿舍接到了伊恩·欧文的电话，直接让我从那张小床上摔了下来。伊恩告诉我里德国际同意与爱思唯尔合并了，这个消息将在天亮后向证券交易所公布。我在大学校园里已经待了好几个月，对即将发生的事一无所知，可真是有惊无喜。它不是换股或者公司间非正式协议，而是全面合并，情况将和以前完全不同。我爬回床上，尽管我已经控制住了惊讶的情绪，但满脑子都是不祥的预感。

一开始的迹象就不太好。爱思唯尔想要和里德合并，为的是实现它长久以来全球化的雄心壮志。它不满足于仅是一家荷兰公司，而是渴望扩张，已经从麦克斯韦尔那里收购了培格曼，又尝试和培生集团（Pearson）合并，交易失败后，公司的管理层把目光转向了里德。爱思唯尔新上任的总裁皮埃尔·温肯（Pierre Vinken）在荷兰是一个企业明星，经常被拍到与荷兰小女星在一起。温肯是通过科技期刊出版崛起的，而且据说曾经向企鹅公司的首席执行官彼得·梅尔表示他讨厌图书。鉴于我那时掌管里德国际图书出版，我对在他手下工作的前景感到不乐观。

这一点很快在我出席第一次董事会时被印证了。皮埃尔·温肯和彼得·戴维斯（Peter Davis）理论上是新公司的联合董事长，但是彼得却坐在另一张桌子旁，也没有发言。在进入科技出版领域之前，温肯是一名神经学家。他画了一只老鼠，并用它解释说，所有的出版业务都和老鼠的基本解剖结构一样：老鼠有锃亮的鼻子、奇特的胡须和一条实在没什么用的尾巴。图书，他接着告诉我们，就是这个行业的尾巴。我沉默地坐在那里，试图给里德爱思唯尔想一个最好的相同字母倒序词——可恶的交付者[1]，这不是一个完美的答案，但我觉得很合适。

不仅仅是温肯个人，他对于图书行业的敌意在更深层次上反映了爱思唯尔作为一个整体对于图书行业的质疑。爱思唯尔的历史可以追溯到16世纪的荷兰，它最早专注于古典研究，此后也从未远离其学术根源和清教徒精神。到了20世纪末期，尽管已经发展成一家大公司，管理层依然对大众图书持怀疑态度，而对于学术出版、科学和医药、研究期刊和教育市场更加得心应手。虽然爱思唯尔一直是出版商，但它的管理层更具有工程公司或制

---

1 "可恶的交付者"原文为 vile deliverers，是里德爱思唯尔（英文 Reed Elsevier）的相同字母倒序词，但如作者所言，二者的字母并不完全相同。

造企业的敏感度，它不同于我所熟知的任何其他出版公司，这里过于专注于达到利润增长目标。这里有更多的白人、男性和单一的文化，每一位高管都是荷兰男性，大多数身高超过 6 英尺；但是里德的团队里已经有很多高级职位由女性担任了，尤其是编辑岗位，而且员工更加全球化。

尽管我的新上司约翰·梅隆（John Mellon）是里德这边的，但他并没给我什么安慰。梅隆一直负责里德的国际出版公司，为集团带来了消费者杂志出版的文化。这个部门曾经的商业准则是，永远不要相信你的编辑，以及实施尽可能多的微观管理。很快我就意识到我的工作是在尽我所能经营好大众出版业务（老鼠的尾巴！）的同时，尽量将它卖出去。从我的角度看，大众出版部所有图书业务板块（分为消费类、教育和学术出版分支）搭配得很好，在过去 6 年的大部分时间里，我努力搭建立起了良好的管理团队和组织架构。为了改进发行和销售系统经历了痛苦的过程，我们集成了后台和财务系统，包括令人生畏的版税支付系统，就连软件现在都在运转了。从表面看，可能对爱思唯尔的战略家来说，把消费者图书版块剔除有一定道理，但对于我和其他任何一位实际运营者来说都不是这样的。

我第一反应是尝试管理层收购，我去见了保罗·汉姆林，他原则上表示感兴趣。之后去了普华会计公司（Pricewaterhouse，现在的普华永道会计师事务所），该公司承诺召集一批出资人。我们想办法为里德国际图书公司争取到了 4 亿英镑的报价，但约翰·梅隆当即拒绝了。他们已经下决心要成为一家重要的国际学术及针对机构的出版公司，所以只出售消费类出版板块的权益。我知道我没有能力让这样的业务成功，以我们当下的规模，大众、教育和学术图书必须合在一起才能建立一家成功且财务稳定的出版公司。

因此，我被要求继续负责出售的工作。在我 50 年的职业生涯中，我从未像当时那样远离实际的出版业务。虽然从技术层面讲，我依然负责里德国际图书公司，但是我已经从米其林大楼搬到公司位于切斯特菲尔德花园的总部办公了。那里没有编辑或者出版人，当然也没有图书，而公司的司机、会计、人力资源部和负责公司养老金的团队都在那里办公。正是在这里，我知道了一个有趣的事实：由于养老金计划要求保持各行各业投资组合的平衡，而且无法用养老金购买自己公司的股票（在麦克斯韦尔导致灾难之后引入的新规定），我们大量购买了培生集团的股票，由此维持了我们最大的竞争对手的股价。

那是一段阴郁的日子。公司委派高盛集团（Goldman Sachs）协助我处理出售工作，他们负责做财务预算和市场分析，我负责提供有吸引力的背景信息和行业技能。这是一个很好的团队，由理查德·夏普（Richard Sharp）带领，他之后去了英国广播公司担任董事长，他当时对我们的项目很感兴趣。以我和投资银行家合作的经验，感觉他们认为出版业比他们自己的行业更有吸引力。但实际上，我的心已不再在这个行业了。公司准备了大额奖金计划以激励我们卖出个好价钱，如果消费类图书版块能够售出，那么我将收到这笔意外之财，但这远远不够。在管理层收购的可能性消失的时候，我就知道我在这个公司没有长远未来了。

最后，尽管高盛尽了最大努力，我们依然没能为里德的图书找到合适的买家，所以里德爱思唯尔启动了瓜分程序，出售迅速降格成廉价甩卖。汉姆林收购的、我们花费巨大努力整合的众多出版社和企业，就这样瓦解了，而且以惊人的速度被抛售。大部分童书部同事去了埃格蒙特，带去了托马斯小火车、丁丁和其他很多选题。汉姆林钟爱的插画、设计和烹饪出版品牌是作为管理层收购谈判的，包括米特切尔·比兹利、康兰奥克托帕斯和邦缇图书（Bounty Books），它们全部隶属于新的奥克托帕斯出版社（现在是阿歇特集团的一部分），由里德的高管、佳话宾信（Kleinwort Benson）提供资金支持。但兰登书屋才是最合算的买家，它花费不到 2000 万英镑，获得了大量畅销书和英语文学的皇冠珠宝：伊夫林·沃（Evelyn Waugh）、杰罗姆·大卫·塞林格（J.D.Salinger）、约翰·斯坦贝克（John Steinbeck）、比尔·布莱森、阿德里安·莫尔、罗迪·道尔（Roddy Doyle）、路易·德·伯尔尼埃（Louis de Bernieres）、格雷厄姆·格林（Graham Greene）和《杀死一只知更鸟》（*To Kill a Mockingbird*）等很多作家作品。

这必然很混乱。大众出版品牌需要改名叫威廉·海涅曼（William Heinemann），以从法律层面上和海涅曼童书

（Heinemann Young Books）区分开来，海涅曼童书现在隶属于埃格蒙特（Egmont），而海涅曼教育出版品牌依然留在里德爱思唯尔旗下。我被孤立了，我组建的管理团队不复存在，在大洗盘中，我想要退出了。彼得·戴维斯被边缘化了，保罗·汉姆林依然是股东之一，但是他专注于艺术和慈善事业，不再对业务保有积极的兴趣。约翰·梅隆大概是我经历过的最不给力的经理了。伊恩·欧文也许自己对战略有所疑虑，但是他接受公司已经做出的决定，并认为应该执行到底。

从里德离职没有从牛津大学出版社离开那样尴尬。但是在商界，这依然不是一件容易的事，花了好一段时间才达成协议。约翰·梅隆对我表现出前所未有的兴趣，坚持让我签署竞业禁止协议才能离开。他给我的第一份协议禁止我在世界范围内为里德爱思唯尔的任何竞争对手工作。我很自然地拒绝了，我们争执不休，最终，我签署了一份禁止我入职任何一家里德爱思唯尔在图书市场的竞争对手的公司。伊恩·欧文听到后向梅隆抱怨道："理查德下一份工作最不想做的就是图书业务。"他是对的，我有其他计划。

第六章

# 科技期刊是如何发展壮大的

我第一次见到维特克·特拉茨是在 1983 年的法兰克福书展上，当时他是一个非常有趣的人物。刚和蒂姆·黑尔斯通创立高尔医学出版公司（Gower Medical），专门出版大开本、高品质的医学彩色图谱和切片图册。他在书展上的目标是卖出尽可能多的语言版本的版权并乐在其中。我那时在牛津大学出版社工作，虽然没有直接和他打过交道，但我们很快成为好朋友，我在里德工作期间一直和他保持联络。

　　维特克曾被《英国医学杂志》（*BMJ*）的编辑形容为"科学出版界的毕加索"，是我所在的年代最伟大的出版人之一。他生长于波兰，祖父曾是行走于各地的职业割礼人。后来他去了以色列学习数学，在那里对电影愈发感兴趣，在 20 世纪 60 年代去伦敦教授电影学之前，涉足过故事片制作。在制作了一部获得好评却未能盈利的希伯来语故事片之后，维特克意识到医学培训影片可以赚钱，尤其是有制药公司提供资助的那些。没过几年，他就建立并出售了这个业务，在此过程中，他的兴趣转向了科学出版，因此创立了高尔医学出版社。

　　维特克是永不知足的企业家和交易能手，永远痴迷于新技术

（现在依然如此），他有一种能看到如何在业务和出版中应用新技术的天赋。虽然他热爱文学并有自己的见解，但永远无法理解为什么会有人做大众出版，他感兴趣的是技术、市场机遇、交付方式和盈利模式。从这个角度和其他很多方面看，他都与大多数出版人截然不同。他也没有现代媒体高管的样子，尽管他在衣着上花费重金，但正如一位同事观察到的那样，他看起来总像个波兰农民。一个著名的场景是，有一次他在一个律师事务所的大堂等着签协议，保安无法相信他是一位很有价值的客户而非大街上溜进来的流浪汉，好几次要把他赶出去。

我在里德爱思唯尔的最后几个月，除了和维特克联手经商之外没有任何确定的计划，所以我成了当代科学集团（Current Science Group）的首席执行官，维特克是创始人兼董事长。虽然我不像维特克那样蔑视大众出版，但我从在里德工作的经历中学到了一些东西，其中之一就是在他们的多种利益里，商业上最成功的往往是价值链最短的。直接把产品卖给图书馆和律师事务所要比卖给书店的利润更高，后者折扣更低、退货更多。另一个箴言是，最好在人们不得不购买而不是想要购买你出售的产品的领域工作。

我同样对期刊出版领域有比较深入的了解，虽然我在里德负责图书业务，但是并购之后我坚持参加期刊战略会议并对该领域一直抱有兴趣，毕竟爱思唯尔最赚钱的一些期刊是20世纪70年代我在培格曼时经手的。值得一提的是，我也参加了高管审核五年计划的那次会议。当时，里德爱思唯尔已经是全世界最大的科学、技术与医药出版商了。它不仅已经成功地在该领域深耕了一个多世纪，而且收购了培格曼的期刊，合并之后又控制了原先归里德所有的巴特沃斯 - 海涅曼（Butterworth-Heinemann）的期刊。在陈述五年计划时，爱思唯尔企业战略家解释道，随着大学各部门和图书馆合并成为订阅财团，期刊订阅量的预估流失率将在 1%~6%。这传递了爱思唯尔战略家的心态，即所有意料之外的期刊订阅量的增长都不是增长，而是"负流失"。他们接着表示，可以提高期刊价格，以抵消订阅量减少的影响，以保证利润维持在原有水平。事实上，根据他们的计算，我们的利润能够达到预估的 15% 的年增长率，和公司整体目标是一致的。当我问到如果流失率超过 10% 甚至更多会发生什么的时候，我被告知没有考虑过这种情况，不然这个模型就行不通了。

我非常清楚，里德爱思唯尔对即将改变学术出版的力量没有做好应有的准备。虽然它不是唯一一家没有做好准备的公司，但就它拥有的企业战略家的数量来讲，它与大多数公司相比更没有借口。那是 20 世纪 90 年代中期，互联网在 5 年前已经被发明出来了，从网站数量到用户及上网时长，网络在各个维度都在爆炸式增长。这会带来很多颠覆性的变化和需要担心的事，出版行业很多长久存在的特征将受到威胁，但也存在巨大的"负流失"机会。我和牛津及出版商协会理事会的科学出版商依然有联系，了解到很多人都在天马行空地思考技术、商业模式和出版的新方式，其中最重要的是维特克。而里德爱思唯尔还在致力于延续长期以来行之有效的现状，是一个典型的企业公司层面自满并害怕变革的例子。

维特克喜欢将《当代科学》视为知名出版社外包的"内容研发部"，他自己能够注入新的思想和创新。这些在那些出版社内部很难实现，而且他愿意承担出版社不肯承担的早期风险。我一到当代科学集团，就发现这里有很多选择和新想法。当时维特克已经建立并出售了大量业务，但他仍在建立各种出版资产、专利和风险资产，我们认为它们前景广阔。

这些的基础是"当代观点"或者评论性期刊，它们刊登行业评论、分析和调查，而不是新的研究。维特克发现的市场机遇和麦克斯韦尔在20世纪70年代预见的一致：随着生命科学研究和相关论文数量的持续增长，科学家们要了解所发生的一切很吃力，因此需要论坛和评论性期刊来整合、总结和评估新研究的重要性。

有四五个风投企业在做这件事，包括《当代生物学》（*Current Biology*）、《当代药物》（*Current Drugs*）、《现代医学》（*Current Medicine*）。还有一个关于著名科学家的视频数据库，是对这些科学家关于生活和职业生涯的访谈，这样他们的故事就能为后代所知。而且，正如维特克希望的那样，我们还可以节选片段出售给讣告发布者和档案馆。我们开发了"法律城市"（Law City）[1]，旨在收集和出售法律信息并和主流法律出版

---

1　一个线上社群。

商竞争，甚至运营一家小型印刷公司，利用最前沿的数字技术为本土广告商提供定制服务。

维特克还研发了一个叫"生物医学网"（BioMedNet）的搜索引擎，这大概是他众多投资中最有新意、最有趣的一个了。它原本是为生命科学家设计的一个社交网络，虽然这个术语很久之后才投入使用。那时候主要的科学出版商都在建立自己的平台，比如爱思唯尔的"科学指引"数据库（Science Direct），但这些主要是销售在线订阅的一种方式。虽然生物科学网确实出售单篇科研论文而非整本期刊，它的目的却不止于此。它希望为学者和研究人员提供一种网络环境，这种环境会成为他们工作的一部分。它提供一个聊天室和一些知识共享工具，人们可以注册一个该网站域名的电子邮箱。这种技术以今天的标准来看非常原始，但它可比脸书或领英早了整整 10 年，而且是由同样的理念所驱动的，即建立一个线上社区，使生命科学家们与同行联系、互动与合作。

在任何一个时间段都有约百名员工在当代科学和五六个风投公司工作，每个公司都有自己的总经理，他们在公司持有股份。我们的观念永远是先建立业务，然后在适当的时间出售整个业务，通常出售给知名出版社，然后他们同化业务、经营不善，最终解散公司。公司每个人都知道，如果业务成功，那么在某一个时刻就会出售，这意味着他们有很大概率失业，但他们同样知道可以相信维特克重新雇用他们。

与我工作过的其他公司相比，这里信任程度很高。很多人都持有公司股份，而且公司通过收益和此前的销售额获得资金，所以我们从来不用引入外部投资方。维特克的军师安德鲁·克朗普顿（Andrew Crompton）作用很大，他在管理运营方面十分出色，但这也与维特克独特的招聘策略有关。他的管理法则之一，是将人际关系，实际上是裙带关系，作为公司的组织方式。他经常从土耳其或者捷克共和国招聘员工，如果这些人表现足够好，他会鼓励他们邀请亲友来公司工作，结果就是公司像一个大家庭。

我们的办公室位于菲茨罗维亚区的米德尔塞克斯大楼。这不是出版社的传统所在地，但是伦敦出版业的地貌正在发生变化，对于办公室来说，实用性大于公司形象。这里的地面一层不再有必比登餐厅和酒廊，也没有高额的费用账单或公务汽车，更没有司机。这里很拥挤，但几乎听不到关于办公空间的争论：如果我们空间不足，那么这一定是我们出售业务的信号。

这里感觉像初创公司，组织架构也像。我接受了里德爱思唯尔的大幅降薪以换取公司部分股权。这里每份期刊都有编辑负责，但业务的本质是技术性的，包括数据库程序员、软件工程师和设计师。员工平均年龄偏小，而且更加国际化。现代人会觉得这个办公室很亲切，人们不需要穿西服、打领带、脚踩黑色皮鞋，编辑也不穿肘部带补丁的外套，没有专门打字的秘书们以及打字机的咔嚓声和成堆的纸张。

每个人在办公室都有一台台式电脑，在家有一台笔记本电脑，我们都用邮件沟通。在里德爱思唯尔，有些高管的公务车带电话，但是手机依然罕见而且不受欢迎，伊恩·欧文曾因为有人的手机在开会时响铃而把他请出去。我第一次见到手机是在哈佛上学时摩托罗拉的一名高管向我展示的，但是我直到加入《当代科学》才经常使用手机。在办公室抽烟仍然是允许的，但我经过很长时间的努力，终于戒烟了。

## 出版交易的艺术

几年后，我们觉得已经尽力把《当代生物学》带到了最远的地方。维特克一直希望它能成为《自然》最有力的竞争对手，虽然这没有实现，但它已成为一份成功的期刊，拥有强大的编辑团队。办公室已然拥挤，是时候将它卖掉了。

正是这个时刻，维特克发挥了自己的作用。他比我认识的任何人都了解如何评估、出售一个出版业务。虽然大部分期刊最多只能卖几百册，但他依然坚持要为每期设计不同的彩色封面。我做过一些分析，如果使用通用封面，每年可以节省 20 万英镑，但是当我和维特克讲这件事时，他慢慢地摇着头说我知之甚少。他接着解释道，当出售业务时，买方会出我们利润 10 倍的价格，这很难测算，因为我们几乎没有什么利润，但是他们能看到的是每年我们浪费了 20 万英镑在封面上，并将以这个数字的 10 倍来做适当的推算。事情真的就这样发生了。

为了能将《当代生物学》卖出去，我们需要将它和其他业务绑定，创造一个更大的实体来吸引买方。虽然维特克对生物医药网有很深的感情，但它的运行成本太高，我们知道它需要和《当代生物学》一起出售，才能让这个项目对出版商更有吸引力。维特克会说服对方该业务还有更大的增长潜力，而因为商业模型不够透明，对方很难准确评估它的价值。我们已经想到里德爱思唯尔了，维特克从未出售过业务给他们，但我们知道他们希望与科学群体有更深的接触，而生物医药网能打消人们的顾虑，即他们所做的只是对知名期刊出售高价的订阅服务。

我们去见了奈杰尔·斯特普尔顿（Nigel Stapleton），他过去是里德国际的首席财务官，也是里德爱思唯尔的执行董事会成员。我们解释道，生物医药网应该由里德这边负责，而不是爱思唯尔，这一点很重要，因为不论他们怎么说，它在爱思唯尔那边是不会发展起来的，只会被看作他们自己期刊的竞争对手。奈杰尔非常明白这一点，但没过多久，爱思唯尔的 20 多名高管就介入了，这意味着漫长的谈判和讨价还价的过程，还不可避免地产生了关于竞业禁止协议的争论。这些和以前一样没有任何意义，就像维特克一直说的，强制规定 12 个月的竞业禁止几乎是肯定地确保卖方在到期后立即参与竞争，因为卖方已经花费了一年时间计划如何创造一个比被售出的业务更好的新业务。

作为整个流程的一部分，里德爱思唯尔进行了全面的尽职调查，包括对领导团队的资格和能力的审查。人力资源部的一名高管按时从阿姆斯特丹到《当代科学》办公室，花了两天时间面试我们所有人。她完成分析报告之后问我，能否用我的邮箱把这份报告发给总部，但她发完后没有删除邮件（尽管我告诉她要删除），所以她离开后，我们完整阅读了他们对我们的评价。非常清晰的是，尽管里德爱思唯尔买下了这份业务，但是对原先的管理团队评价不高，而且想尽快把维特克和我剔除。几年之后，他们关闭了生物医药网，对此，我们俩都不意外。

这是我在《当代科学》做的最后一件事。维特克在阿姆斯特丹沟通协议最后的细节，安德鲁·克朗普顿在伦敦办公室告诉员工正在发生的事，而我正在法兰克福给他们俩打电话，同时和麦克米伦沟通到那里做管理的事情。我依然持有当代科学集团10%的股份，但是觉得如果不再和维特克一起工作的话，继续在他的公司持股是不对的，所以我们达成共识，我从刚刚签署的协议里分一杯羹。我不知道的是，维特克即将把《当代药物》期刊以几千万英镑的价格卖给汤森路透（Thomson Reuters）。不过作为补偿，达成这笔交易的那天晚上，他请我去吃了一顿高档晚餐，我们依然是最好的朋友。

## 多媒体光盘

当维特克和我在当代科学集团工作时，整个英国出版业开始意识到数字技术所带来的新机遇。当然，只有少数人知道自己在做什么，而很多钱都被浪费了。在里德国际，我们为塞克尔 &

沃伯格出版社建立了电商平台。我们抱着含糊希望，即如果正好有消费者在网络上找到我们的话，能直接将图书卖给他们。这没有成功，却是一个很有趣的尝试，成本很低，而且那个时候人们总得尝试做点什么，任何事情都行。

对于 20 世纪 90 年代的很多出版人来讲，网络对版权所有者来说似乎太可怕、太混乱了；而对用户来说，网络连接仍然过于缓慢和不稳定，尤其是在工作场所之外。大多数人一开始的兴趣是线下的光盘和多媒体出版领域。家用电脑市场在 20 世纪 90 年代中期繁荣发展，新一代的个人电脑带有声卡、256 色显示器和光驱。软盘能够存储略多于 1 兆字节的信息，而光盘可存储 650 兆字节的信息。这是一个巨大的飞跃，它有望满足人们所需要的所有储存量。

像查德威克 - 希利（Chadwyck-Healey）这样在 20 世纪 70 年代和 80 年代用缩微胶卷出版参考书的出版商，现在很快转向光盘。但更广泛的趋势是，几乎每个人都在某一时刻涉足过多媒体领域，而且在过程中亏钱。科学出版商开始制作多媒体版本的教材，鉴于人们对医学的特别兴趣，爱思唯尔花大价钱制作了《索博塔人体解剖学图谱》（*Sobotta Atlas of Human Anatomy*）的光盘版本。费伯出版社发行了 T.S. 艾略特（T.S. Eliot）《荒原》（*The Wasteland*）的光盘版本，里面有演员们朗诵这首诗，还有对学术专家的采访。泰晤士和哈德逊出版社则制作了精美的多媒体艺术词典。企鹅出版社的首席执行官在培生的年度股东大会上挥舞着一张关于天体物理学的光盘，并宣称这是出版业的未来。有一段时间，我是第一信息集团（First Information Group）的董事会成员，该集团为美国市场制作了军事历史领域的交互式光盘，因为枪支和武器总是很畅销（不过这批产品没能盈利）。就像如今的电子游戏一样，20世纪90年代的出版商不仅招聘软件开发人员，而且聘请电影导演、动画制作者、音乐作曲人和艺术家，所以光盘制作成本极高。当然，区别是，轰动一时的电子游戏能卖出数百万份；而如果你幸运的话，图书只能卖出几千册。

虽然光盘看起来有新意并处于最前沿，但是本质上出版商只是在复制图书而已。作为20世纪80年代花费巨大人力和资源的伟大项目，《牛津英语词典》第二版的附加功能依然有限，而且并没有被广大消费者所看重。英国广播公司的纪录片《末日审判书》（BBC's Domesday Project）也一样，这是一部关于英国地理和社会调查的鸿篇巨制，以镭射影碟的形式发行。能够实现文本快速搜索无疑是有用的，但多媒体的许多附加功能却不那么实用，这让人觉得出版商只是想生产一些新东西，而不是因为客户需要而生产。维特克一直很喜欢新的电子产品和新技术，但是从当代科学集团的角度看，这种商业模式没有什么吸引力。这些依然是产品，一次性出售给消费者，发行也没有任何创新，大部分都堆放在书店的架子上，生产成本高，而且基本上卖不出去。

出版商能从多媒体选题盈利的唯一途径就是说服其他人为成本买单，而买单的通常是制药公司。出版商高成本制作了大量带有动画演示、音乐和录像的医疗和生理学的光盘，兴高采烈地卖给医生和医疗保健人员，但大部分光盘从未被从盒子里拿出来过。

唯一能在大众市场成功的光盘是那些和计算机绑定的，正如迪克·布拉斯为第一个拼写检查器设计的那样。大英百科全书光盘版在 1995 年发布，定价 1000 美元，是一个代价高昂的失败案例。不久之后，这个历史可以追溯到 18 世纪的业务以极低的价格售出，而且再也没有恢复。与此相对的是，微软的多媒体百科全书刚上市时售价 400 美元，但是和电脑零售商达成捆绑交易之后，价格很快就降低了，并随着电脑在家庭和学校渠道的销售激增，数以百万计的光盘销往欧洲和美国。而维基百科的出现，使光盘版百科全书立即被淘汰了。

当然，我们大部分人忽略的一件事是，在数字时代，人们渴望比交互式多媒体更传统的东西——有声书。很少有人预见到有声书能如此受欢迎，而且到 2022 年，大部分有声书都不是删减版。20 世纪 90 年代，里德和其他所有出版商都在销售畅销书的音频版，一开始是磁带，后来是光盘。有声书部门往往资源不足且不受重视，其主要任务之一是制作文本的删减版，不然需要的磁带太多了。随着互联网宽带的出现，这个问题迎刃而解。

## 创新和附加价值

虽然光盘在赔钱，但是 20 世纪 90 年代末有很多出版人开始探寻如何利用数字技术创造新的出版业务并增加价值。亚当·霍奇金（Adam Hodgkin）就是其中一位，他曾是牛津大学出版社的哲学编辑，但是很早就对电子出版产生了兴趣，他和以前在当代科学集团工作的黛尔·瑞尼（Daryl Rayner）以及另外两人联合创建了 X 参考公司（Xrefer）。该公司与参考书出版商达成协议，将其文本数字化，为用户提供查看大量参考书的途径，目标是让图书馆、学校和大学代用户订阅该服务。随着字典（通用类和学科类）、百科全书和其他文本汇集在一起，加上搜索功能和超链接，这项服务很快成为一种广泛使用的资源。

但这并不意味着扩大业务规模是一件容易的事。在 2000 年，我加入了该公司董事会，在找到长期投资方之前，我也做了点投资，以克服过程中不可避免的困难。似曾相识的问题又出现了，创始人没能和新的投资方达成一致，正如经常发生的那样，新的管理团队到位后带来了混乱，但是业务仍稳步增长，尤其是在美国，X 参考公司变成了全球工具书公司（Credo Reference）。它听起来更权威，而且我认为新名称更合时宜，因为在互联网时代，字母 X 已经成为色情的代名词。几年之后，公司被美国出版商信息库（InfoBase）收购，因此最初的全体创始人和投资方都赚到了钱，现在其总部在波士顿。

大约同一时间，6 家最大的科学出版商联合创立了交叉引用公司（Crossref），这是一个十分罕见但大获成功的行业合作案例。交叉引用是一个非营利性组织，它将不同期刊上的学术文献相互链接，不论出版商是谁。重要的是，它不仅提供了技术上的链接，而且处理了不同出版社之间的小额支付问题，使研究者可以从一篇文章无缝跳到另一篇文章。如今全世界有 1.7 万名会员在交叉引用平台上一共发布了超过 100 万篇文章。任何一个超过 40 岁、做过学生的人都知道，在那之前，如果想要在一本期刊上找一篇文献，必须经历一个艰苦的过程：先记下名字，然后去找相关出版物，如果幸运的话，能在同一个图书馆里找到。

当代科学集团、X 参考和交叉引用是不同的实体（分别是私营出版社、投资驱动的创业公司、行业机构），但是它们都是 20 世纪末期出版社开始使用数字技术来创造真正有新意、有价值的案例，超越了光盘的功能。这些公司和其他公司要做的和 20 世纪 70 年代末期迪克·布拉斯和他的软盘字典相同之处是：通过聚焦读者、用户和研究者需求，出版商是有可能在网络时代产出价值并创建成功的业务。

## 日益崛起的期刊出版

在当代科学集团，我们从没有对图书出版表现出太多兴趣。维特克的兴趣点在科学内容、软件和通信方面的创新，这意味着他的关注点在期刊上。相比之下，哈拉普那时根本没有期刊出版，虽然我在那里的时候，有一位有创新精神的编辑已经在为人力资源专业人士提供活页服务了。这其实利润很高，但是没有一位高管对此感兴趣，因此该业务逐渐消失了。

　　培格曼的情况大不相同，麦克斯韦尔非常清楚期刊出版的巨大市场和增长前景。而在我于 1975 年加入牛津大学出版社时，他们可能一共只有不到 20 种期刊，和同时期的剑桥大学出版社相比少太多了。牛津大学出版社的期刊选题类型五花八门，包括维多利亚时代传下来的致力于讲述英语历史的期刊《按语和征询》（*Notes and Queries*）、《早期音乐》（*Early Music*）和一些语言学期刊，只有少部分是科学类期刊。这在一定程度上反映出牛津大学出版社对人文学科的偏爱，但也反映了出版社认为期刊文章是学者在撰写专著或者教材之前的前奏，出版社委任期刊编辑是希望他们之后能成为一流的图书作者[1]。当培格曼和布莱克威尔科学公司（Blackwell Scientific）忙于同科学家和学术团体见面以培育期刊出版的想法、发布新期刊、培养读者群的时候，牛津大学出版社仍然坚持以图书出版为首要任务，没有人意识到一本有影响力的期刊会有助于构建和塑造一个学术研究领域，并因此成为兴趣和收入的持久来源。

　　期刊的地位低可能是因为期刊的生产位于尼斯登，这里是仓库发行设施的一部分，而不是位于伦敦或牛津的出版业务的一部分。直到牛津大学出版社收购了神经病学期刊《脑》（*Brain*），期刊才被认真对待并且进入了业务核心，这在很大程度上是偶

---

1　这里的期刊编辑指的不是出版社的员工，而是专职学者，因此他们会写书，也编校期刊。

然发生的。这是被麦克米伦转卖的期刊，神经学家伊恩·麦克唐纳（Ian Macdonald）之前负责这个项目。他是新西兰人，也是丹·达文的朋友，乐意和牛津大学出版社做这笔交易。这是牛津大学出版社第一次见到科学期刊能够带来如此丰厚的利润，我们赚取销售收入的25%，牛津大学出版社的印务部门的利润空间也很大。

20世纪80年代，随着学术研究在全球持续蓬勃发展，期刊出版的价值越来越显著。《脑》成功后，牛津大学出版社终于开始注意到这一点。出版社的重组和尼斯登办公区的关闭也很有帮助，这意味着期刊出版转移到了位于牛津的总部，牛津大学出版社也为期刊出版任命了一位专职出版人。

之后的几年，牛津大学出版社购买并出版新期刊，在数学和化学领域实力最强。我们很幸运买下了信息检索有限公司（Information Retrieval），它是一家小型家族经营的期刊出版商，其所有者在度假时突然去世，因此我们通过非常专业的科学出版商约翰·曼哲（John Manger）收购了它，避免了通过拍卖获得，否则可能要花费200万英镑。这个公司有两份非常成功的期刊：《欧洲分子生物学学会》（*European Molecular Biology Organisation*）和《核酸研究》（*Nucleic Acid Research*）。但是这个家族的财务和业务全部交织在一起，导致公司其实没有任何利润，甚至逝者的遗体运回和葬礼费用都是公司出的。结果就是资产负债表利润微薄，所以我们能够以远低于期刊实际价值的价格收购该公司。作为交易的一部分，我们聘用了马丁·理查德森（Martin Richardson）。他是一位优秀的出版人，后来成为牛津大学出版社期刊部门发展的关键人物。

如今牛津大学出版社出版了 500 多种期刊，但是从先发优势中获益的是罗伯特·麦克斯韦尔。他发布了大量不同领域的领军期刊，得以在 1991 年以 4.4 亿英镑的价格将培格曼出售给爱思唯尔。那时候很多人都认为，这对一个成熟的业务来说是一笔数额特别巨大的交易，但是爱思唯尔将麦克斯韦尔的独创性和企业混乱进行了工业化管理，提高了他们具有新教特质的企业敏感度。之后的 10 年间，爱思唯尔巩固了业务并使麦克斯韦尔创造的一切稳步发展，积累了一系列期刊，能够年复一年地获得可观的收入。他们也从里德那里得到了巴特沃斯 - 海涅曼的选题，并随时准备收购维特克以及其他人发布的新期刊或创新成果，以避免对其霸主地位构成威胁。

值得一提的是，虽然期刊在确立地位之后利润颇丰，但是创办的过程很困难而且需要大量资源，需要调研市场情报、进行深入研究及咨询才能找到合适的市场定位。创办一份新期刊需要一位优秀、有抱负、人脉广的编辑来组建一个由顶尖学者组成的强大编委会，这通常需要大量的昂贵晚餐。推广新期刊很艰难，你需要让销售人员去说服图书馆馆员订阅。一旦你做完这些且能让期刊顺利出版，那么出版商将处于优势地位。这些期刊会被认为紧跟相关领域的发展，因此其订阅量会持续上升，编辑和生产成本持续下降，产生良好并可持续的利润。

麦克斯韦尔对这些很了解，就像他多年前预测的那样，生命科学将成为期刊出版的核心内容。这是一个广阔的领域，有很多具体议题、研究课题和问题，每一个都值得出版一种期刊。进入21世纪，里德爱思唯尔的科学出版业务每年能带来超过5亿英镑的利润，但真正让我们震惊的是期刊的利润率已经超过30%，这意味着将引起政府和资金支持方的注意。

第七章

# 麦克米伦：全球化的家族出版巨头

在全球资本主义时代，一个维多利亚时期的家族企业转型并被跨国公司收购的故事并不罕见，出版界也对此再熟悉不过了。过去50年间，兼并、交易、收购的不断迭代使英国出版业的所有权结构从根本上发生了改变，这种情况曾发生在我入职的第一家公司哈拉普，以及培格曼和里德国际图书公司。20世纪90年代末期，同样的命运等待着麦克米伦。

1843年，来自苏格兰西海岸阿伦岛的两兄弟丹尼尔·麦克米伦（Daniel Macmillan）和亚历山大·麦克米伦（Alexander Macmillan）在伦敦创办了这家公司。丹尼尔一直经营一家书店，他的商业直觉和亚历山大的编辑天赋相结合，为英国历史最长的出版社之一奠定了基础。19世纪英国文学黄金时代很多最伟大的作品都是麦克米伦出版的，比如刘易斯·卡罗尔（Lewis Carroll）、马修·阿诺德（Matthew Arnold）、查理·金斯利（Charles Kingsley）、阿尔弗雷德·丁尼生（Alfred Tennyson）、托马斯·哈代（Thomas Hardy）和约瑟夫·鲁德亚德·吉卜林（Rudyard Kipling）。同一时期，麦克米伦创办了《自然》杂志和《葛罗夫音乐辞典》（*Grove Dictionary of Music and Musicians*）。在接下来的一个世纪中，麦克米伦一直是英国文学和文化领域的核心。丹尼尔的孙子哈罗德·麦克米伦（Harold Macmillan）在经营家族公司的 20 年间，还在保守党内一步步晋升为首相。从政治前线退下来后，他以斯托克顿勋爵（Lord Stockton）的身份回到麦克米伦担任董事长，直到 1986 年逝世。此后公司由他的孙子艾利克斯（Alex）和大卫（David）接管。

但是到了 20 世纪 90 年代末期，这家公司已经失去了活力，家族也失去了进一步发展公司的兴趣，艾利克斯（如今的斯托克顿勋爵）更愿意走上从政的道路。因此，经过 150 年 5 代人的经营之后，麦克米伦大部分业务以 4 亿英镑的价格卖给了戴特·冯·霍尔茨布林克（Dieter von Holtzbrinck），他和姐姐莫妮卡（Monika）共同拥有霍尔茨布林克出版集团（Holtzbrinck Publishing Group）。这家公司虽然不像麦克米伦那样令人景仰，但依然有很强大的血统。霍尔茨布林克最开始是一家图书俱乐部，由兄妹俩的父亲乔治在"二战"之前创办。20 世纪 80 年代他的孩子们继承时，它已经发展成为一家综合的出版传媒集团。重要资产包括《德国时代周刊》（*Die Zeit*）、《商报》（*Handelsblatt*）、《科学美国人》（*Scientific American*）杂志、亨利霍尔特公司（Henry Holt）、法勒施特劳斯公司（Farrar Straus），以及大名鼎鼎的菲舍尔出版社（Fischer）、德勒默尔出版社（Droemer）和罗沃尔特出版社（Rowohlt）。莫妮卡愿意接管菲舍尔，其他业务由戴特经营。

收购麦克米伦的控股权是一场大型赌博。戴特想把霍尔茨布林克打造成真正的全球化集团，像它在德国的强大竞争对手贝塔斯曼集团一样成功。麦克米伦即将离任的首席执行官尼基·比安·肖（Nicky Byam Shaw）负责寻找继任者，他将我列入了候选人短名单。我在斯图加特和戴特会面后，他们一致同意我负责英国和全球业务，美国业务［圣马丁出版社（St. Martin Press）和其他相关权益］独立运营。戴特坦诚地告诉我，他冒了很大风险，承受了很大压力，需要有人帮助才能把业务做起来。

从某种程度来说，所有的出版公司都有好的地方和不好的地方，在我刚加入麦克米伦的时候确实是这样的。它涉猎广泛而且非常国际化，除了大众出版及其下属的潘恩、皮卡多（Picador）平装书出版品牌之外，还拥有半岛出版公司（Peninsula Publishing Company，位于中国的一家印刷代理公司），还有麦克米伦印度公司（Macmillan India），一家大型排版公司，在德里、斋浦尔、班加罗尔和高知设有办事处。此外还有一家位于伦敦国王十字区的麦克米伦杂志公司，出版 3 种主要刊物：《护理时报》（*Nursing Times*）、《健康服务期刊》（*Health Services Journal*）和《自然》的杂志。

## 孕育《自然》

德国公司法规定，企业要有两级管理结构：董事会和管理委员会。前者由执行董事组成，后者的职能之一是有权任命或解雇前者的成员。我入职麦克米伦不久，戴特就邀请我去斯图加特与管委会（我们更愿意叫它"烦委会"）成员会面。在会上，一位董事问花费4亿英镑收购麦克米伦是否算一项成功的投资。戴特兴奋地说，这是一个成功的决定，因为现在公司拥有了享有盛誉的皮卡多出版品牌，想以此来减轻他们的恐惧。我能看出来他们想要的是更具体的信息，于是很肯定地说："你们拥有《自然》杂志，我认为它现在价值2.5亿英镑，而且可能价值5亿英镑。"管委会的反应是一片充满怀疑的沉默。

尽管我那么说是为了给管委会留下深刻印象，但我确实相信自己的判断。那时候《自然》毫无疑问已经是一个出版传奇，它和《柳叶刀》（The Lancet）、《科学》（Science）一样，是鲜有的在普通大众中也有一定知名度的科学期刊。19世纪60年代，《自然》由亚历山大·麦克米伦和天文学家诺曼·洛克耶（Norman Lockyer）共同创办。最初是一本"插图版科学周刊"，洛克耶称之为"科学界人士"的论坛，在这里他们可以向大众读者介绍自己的工作及科研成果。《自然》刊登的第一篇文章的作者是托马斯·亨利·赫胥黎（Thomas Henry Huxley），早期的其他作者也大多是具有进步思想的科学家。特别是它聚焦发布了围绕达尔文的进化论展开的争论，而这些争论对维多利亚时代社会的影响巨大。与麦克米伦和洛克耶最初的愿景相悖，《自然》后来不再面向公众，而是专注迅速发展的科学界并持续至今，比如它是许多最伟大的科学突破昭告世界的平台：中子的发现、核裂变、DNA 结构、板块结构学和臭氧层空洞都是率先在《自然》上发布的。它一直归麦克米伦所有，其国际影响力稳步上升，在霍尔茨布林克收购麦克米伦时，《自然》杂志已经有 200 多名员工，除了在伦敦的总部外，还在纽约、华盛顿、巴黎、东京分别设有办公室。

尽管如此，它的发展潜力依然很大。维特克一直被《自然》深深吸引。我入职没多久后他来看我，对我说："你拥有的其实不是一本期刊，而是一项完整的业务。"他是对的，而把它发展成一个出版公司是我的首要任务。我们卖掉《护理时报》之后，事情马上就变得更容易了。《护理时报》在 1905 年以周刊的形式创办，至少在美国之外，它是全世界最大的护理行业期刊，为麦克米伦带来了可观的利润，但是霍尔茨布林克对其长期过度依赖招聘广告存有顾虑。因此，我们在 1998 年启动拍卖，EMAP[1] 公司竞价成功。这次出售腾出了国王十字街的办公空间，带来了资本，让我们可以专注于将《自然》发展壮大。

我们最先做的是把麦克米伦杂志这个名字改成自然出版集团。在贝辛斯托克，相对不受重视的斯托克顿出版社（Stockton Press）也以自然出版社的名字重新建立品牌。我们依托原先的单一期刊建立了一家科学出版社，开始每年推出十几种新期刊，

---

1　英国专注建筑行业的媒体公司，隶属于英国 Metropolis 集团。

如《自然·气候变化》（*Nature Climate Change*）、《自然·神经科学》（*Nature Neuroscience*）、《自然·免疫学》（*Nature Immunology*）等，每一份期刊都配备一名一流主编，发行一种新刊的成本可能至少要 100 万英镑，几乎每一种都能成为影响因子排名第一的期刊。如今，已经有 60 多种这样的期刊（包括评论期刊），如《自然·衰老》（*Nature Aging*）、《自然·泌尿学》（*Nature Urology*）等。

自然出版集团的第一任总经理是在特殊情况下上任的。戴特和姐姐有一个同父异母的弟弟叫斯蒂芬（Stefan），他刚加入集团不久。因为他很年轻，戴特将他视为家族下一代的代表，希望他带领家族事业走向未来。因此，大家同意他到伦敦学习，在我的指导下担任出版集团的总经理。这不是招聘管理层的常规方式，但毕竟是家族企业。而且事实证明，斯蒂芬是一位富有激情和想象力的总经理，他致力于维持最高的编辑水准，也乐于接受变革。

公司迅速发展，我们招聘了一大批人。一个倒霉的年轻人只凭借科学学位和知晓儿茶酚胺这个术语就能进入牛津大学出版社做医学编辑的时代早已成为过去。自然出版集团招聘的大部分编辑都有博士学位和科研背景，他们深入了解该领域和其中的科学家，因而我们可以与当时顶尖的科研机构和项目建立合作关系并发表论文。在千禧年之交，最宏大的项目是人类基因组计划，有两方在竞争抢先对整个基因组进行测序，一个是由美国国立卫生研究院（National Institutes of Health）领导的国际大学联盟，另一个是希望将部分数据商用的私企塞莱拉（Celera）。自然集团与前者合作出版了一系列特刊，并确保研究方法、测序数据和初期分析在研究早期就得到广泛知晓。

自然出版集团的品牌已经创立，在斯蒂芬回到斯图加特担任整个霍尔茨布林克集团的首席执行官后，我们聘请了《自然·评论》（*Nature Reviews*）的编辑安妮特·托马斯（Annette Thomas）接替他的岗位。她的专业是神经科学，毕业后加入了自然出版集团，从一个相对初级的编辑升为总经理，但我们毫不怀疑安妮特能够胜任这项工作。她立刻推动了一些重要变革。

在安妮特上任之前，自然出版集团一半的收入来自广告，广告的一半来自分类招聘广告，另一半来自展示类的广告。我们评估后，冒着风险免费刊登小型广告，希望能大幅增加浏览量，使自然出版集团在科学社群中处于更核心的位置。20世纪90年代中期，《自然》发行量达6万册，因此我们推测读者大约有20万人。几年之后读者数量已经数百万了，这反过来又大大提高了我们对展示类广告的收费标准。这是互联网品牌和数字媒体平台所熟悉的战略，大力推动受众或会员数量的增长，并在未来进一步创造收入。

有很多方法都能达到这个效果。将全部过刊数字化是一个巨大工程，但这让科学记录持续保有生命力，成为新的、定价更高的订阅服务的一部分。事实证明这种服务很受欢迎，因为随着科学史发展为一个学科，历史学家和科学家都希望研究《自然》发表过的经典论文。对于那些想要收藏期刊合集的图书馆而言，不再苦于追踪缺失期刊的成本和麻烦了。

出版领域全新的岗位诞生了：交互设计师、网络分析师、内容管理系统构架师和数据库程序员。市场和销售岗位的技术性更强，以前期刊出版商只是开心地把纸质期刊卖给大学图书馆，没人知道它们被借阅的频率或者是否被阅读。现在有大量测量工具可以了解这些信息，这意味着图书馆员和出版人能够追踪期刊的使用情况。比如，营销团队需要证明《自然》和其他期刊的文章真的有人阅读，一门全新的测量方法和量化影响的科学应运而生。以前发行量和引用量是测量基准，如今，从事期刊出版的任何人都需要掌握下载量、视频播放量、博客评论量、页面印象、点击量、社交媒体评论以及其他许多内容。

随着安妮特·托马斯走上这一关键岗位，英国出版业在其他领域也取得了进步。盖尔·雷布克（Gail Rebuck）在20世纪90年代初成为兰登书屋的首席执行官，维多利亚·巴恩斯利（Victoria Barnsley）即将成为哈珀柯林斯英国的负责人，很多能干的女性高管逐渐在美国和英国出版界崭露头角，尽管这个变化在非英语国家没有那么快。在安妮特的领导下，自然出版集团日益强大，到2007年，营业额达到约1.4亿英镑，利润4000万英镑，在全球有500名员工。当自然出版集团、麦克米伦教育公司和施普林格科学公司在2015年合并成为施普林格自然集团时，麦克米伦（主要是自然出版集团）部分的价值约20亿欧元。

亚历山大·麦克米伦创办的"插图版期刊"是为了让维多利亚时代的社会能够及时了解最前沿的科学发现，如今取得了长足的进步。但在《自然》繁荣发展的同时，期刊出版整体却面临着新的挑战。

## 开放获取开始与期刊出版较量

"如果你想让获得版权的诉求被视为一个繁复的条件且被宣布非法，而且对版权转让的动机有限制，那么这将对你的业务和行业带来什么影响？"

那是 2004 年的春天，面对着下议院科学技术特别委员会，这个问题是议员保罗·法雷利（Paul Farrelly）刚刚提出的众多问题之一，和我一起的是我最强大的竞争对手和认识时间最长的朋友：布莱克威尔董事长鲍勃·坎贝尔（Bob Campbell）和威立集团的约翰·贾维斯（John Jarvis）。这天下午，我们暂时放下商业上的对抗，尽力维护持续了几个世纪的商业模式，这是对出版行业来说非常重要的概念，几年前我们根本想不到它会遭到质疑。但我们就站在这里，试图维护人们应该为已经出版的内容付费而不是免费获取这一原则。

开放获取运动最早是由一群受意识形态驱使的科学家提出的。他们认为科学被出版社阻碍了，主张所有的研究结果都应该在网络上免费可获取。数字化以及生产、印刷、发行成本的降低导致有些人认为出版商的传统角色已经过时，但他们绝非代表性群体。对大部分研究者而言，只要能够发表论文，并且期刊能够保证编辑质量和在学术界的影响力就好，他们并不在乎研究成果的获取是否免费。这个群体发声很高、社会关系广、能言善辩，某些学术出版商的利润也放大了对出版商的批判。罪魁祸首是爱思唯尔，很多人都觉得它的利润高得吓人，尽管它的股东肯定不这么觉得。自然出版集团招聘了大量编辑，但爱思唯尔的大部分编辑决策都外包给大学和研究机构的学术期刊编辑了，这些人通常是无偿工作，或者能获得他们所在机构的补贴。更重要的是，作为一家上市公司，和麦克米伦、布莱克威尔不同的是，里德爱思唯尔必须公开盈利情况，以维持股价，再通过分红的方式回馈股东。

主要的科研资助机构，特别是维康信托基金会（Wellcome Trust）也有上述顾虑，这加剧了他们长久以来的不满情绪，认为科研的大部分功劳都被出版商抢走了，而没有归于他们自己。值得一提的是，维特克也是开放获取的早期倡导者，尤其是因为他当时已经在思考如何能够基于这一商业模型建立新公司。很多记者也在报道这件事并且提倡开放获取，作为以写作为生的专业人士，这些记者往往很难理解为什么学术作者发表文章不能获得和他们类似的报酬[1]。随着杰出的科学家、媒体评论员和资金提供方都在提这个问题，政客们不可避免地对此开始感兴趣了，于

---

1 学术文章一般没有稿酬。

是下议院特别委员会决定叫我们过去。

那天下午我们三个向议员们解释的时候，发现人们对期刊出版社在做什么、大家付费买到的是什么有所误解。除了生产、设计、技术和其他很多方面之外，在《自然》和其他期刊发表科学文献的主要成本是专业的编辑服务，特别是管理同行评议过程，这是研究者最看重的，也是必须付费的。同行评议可以通过大学图书馆购买订阅服务的预算、作者本人或者其资助方投资的方式获得资助（考虑到商业赞助商和制药公司的利益，这可能会更成问题）。简单来说，在前者的情况下，全世界1000个主要的大学图书馆每年各资助100万美元，你就能获得10亿美元来覆盖成本，或者让100万名作者每人支付1000美元。纯粹从经济角度看，前者的效益必然更好。

当我们中的一个人告诉委员会，向大家免费开放医学研究是一个坏主意，而且"每个人应该知道一切，这种听上去很诱人的说法会导致混乱。如果问医务人员，他们会说最不想看到的就是可能患有疾病的人看到这些信息然后问问题"。这番发言恐怕没能帮到我们达成目标。

他也许是对的，但正是这种排他性的理念和"出版商最了解"的观念，助推了开放获取运动。大家的感觉是学术出版编辑没有使科学信息开放，而是在打压和控制这些信息。尽管我们那天下午在议会上提出了大量论点，但我们都知道开放获取运动不会消失。接下来的几年里，开放获取带来了重大变化，而且至今依然在发展。有一点是肯定的，从前舒适又高效的旧模式正在迅速消失。

商业出版商不是唯一受到影响的群体。开放获取的支持者没有意识到的是，传统期刊出版模式最大的受益者之一是学术团体。这些非营利组织在英国有 100 多家，它们存在的意义是促进一门学科或专业的发展，而且往往在世界各地科学和研究的发展中发挥至关重要的作用。几乎所有学术团体都有自己的出版部门，或者和其他学术出版商签有协议，这些都是实质性的业务。英国皇家学会（Royal Society）有 12 种期刊，包括《哲学学报》（*Philosophical Transactions*），其历史可以追溯到 1665 年，可以说是全世界第一部英文科学期刊。英国皇家学会、英国物理学会（Institute of Physics）和类似的学术团体之所以能促进科学在基础学段的发展、提供奖学金、帮助来自弱势背景的学生、开展公共活动等诸多方面做了大量杰出的工作，很大程度上是因为期刊出版带来的收益。

现在的情况已经完全改变了。开放获取出现后的 20 年间，学术出版的格局对出版人、学术团体、图书馆和作者来说更加分散且复杂。出版无疑变得更加普及，但效率更低了。很多出版社现在进行混合型期刊出版，即一部分完全开放获取，一部分传统订阅，这取决于谁来付费。谈判和授权协议变得复杂无比，导致管理费用激增。学术团体再也无法依赖于期刊订阅的收入，但是认为开放获取会降低出版商利润希望似乎会落空：爱思唯尔的母公司，一个很难念的名字 RELX（即"励讯集团"），宣布 2021 年利润超过 20 亿英镑，利润率和过去一样良好。

行业辩论中，鲜有人提到的巨大变化是，开放获取意味着广告和营销必须转型。在传统的商业模式中，出版商自然想推广他们的期刊，以便学者和研究者了解其价值并要求大学图书馆员订阅。然而，在开放获取的新世界里，出版商需要应对的市场是资助机构和作者自己，一切都是为了让他们满意。

大众读者是否获益不好说。虽然我们在议员面前的那番言论过于直白，但也不无道理：科学期刊是由科学家创作的，也是为科学家服务的，关键问题不在于大众读者是否方便阅读，而是它们如何能够更好地为有需要的专业人士提供最新、准确、高质量的内容。

## 不作恶：对抗一个科技巨头

我们需要担心的不仅是政客和政府监管机构。随着数字经济不断发展，互联网深入各行各业，新一代企业开始影响出版行业。1999 年，亚马逊进入英国，但我认识的出版商中很少有人认为这是一个直接的威胁，反而认为这是图书销售的新方式。在里德和麦克米伦，我们都尝试过通过出版社品牌官网直接售书给读者，但以失败告终。亚马逊提供了一种不需要在技术、营销和发行方面大量投入就能做到这一点的途径，而且起码在初期，没有向出版商索要不合理的折扣。

亚马逊最终想要的和我们想要的一样——销售图书，但是谷歌（Google）完全是另一回事。1998 年，在我 50 年的故事刚刚讲到一半时，谷歌成立了，它是唯一一个给出版行业带来了最大变化和威胁的公司，但是出版商花了几年时间才意识到这一点。

那是 2004 年，谷歌启动了它的图书馆计划（Library Project），宣布公司将在线上免费公开全世界图书馆的所有资料。这是谷歌的那些创始人还在读研究生时的梦想，不过在他们之前就有过类似的愿景。古腾堡工程（Project Gutenberg）是最早的数字图书馆，始于 1971 年，当时一名学生重新键入了《美国独立宣言》（*United States Declaration of Independence*），然后通过大学校园网传输。接下来的 30 年里，志愿者们煞费苦心地键入或扫描了数百种版权已到期的西方文学经典，刻到光盘上或上传到大学服务器供大家免费阅读。但是到 21 世纪初，谷歌想将其带到一个新高度。

出版界没有一个人对谷歌将版权到期的产品数字化提出异议，对其扫描图书馆的历史文献也只有欢迎的声音。但是谷歌已经无法停下脚步，很快他们真正的意图就显现了：实际上他们希望将能够得到的每一本书都数字化并向公众开放，无论作者、出版商是谁，也无论版权情况如何。出版商被告知，如果他们不希望自己的书经受上述流程，那么需要事先通知谷歌。这将带来相当繁重的管理负担，而且颠覆了版权的基本概念：所有文学（以及艺术和音乐）作品在创作完成时都会自动得到保护，无须任何证明文件。

全世界的出版人都目瞪口呆。谷歌遭到了出版行业组织的谴责，有些公司大为震惊，禁止员工使用谷歌搜索引擎，虽然我们严重怀疑谷歌自己是否真的注意到了这一点。在美国，美国出版商协会（Association of American Publishers）和美国作者联盟（the Authors' Guild）带头支持其会员通过法律手段对谷歌发起质询。

在与谷歌的战争中，我自己也有一场小争斗，我实施了一场"谷歌抢劫"。2007年，我和德国霍尔茨布林克集团大众出版部负责人鲁迪格·萨拉（Ruediger Salat）一起参加美国图书博览会（Book Expo America），我们正好路过谷歌的展台。他们的展台规模庞大：数十名公关人员负责接待，业内人士正享受着酒水和小食。在谷歌的大牌子和他们著名的（现已收回的）座右铭"不作恶"下面有一排笔记本电脑，但是没有任何标记指明这些

2007年6月，美国图书博览会谷歌展台。

159

笔记本电脑属于他们，于是我们决定"借"一台，把它和我们的酒水一起带到了旁边的桌子。没过一会儿，一位谷歌的员工一脸疑惑地过来问我们为什么拿走了他们的一台电脑。当我友善地告诉她"如果你愿意，你可以把它拿回去"的时候，她更困惑了。

她说："好的。"我告诉她："展位上没有任何地方写着你不想让我们拿走它，这就像谷歌图书馆一样。"

这时，又来了她的几位同事，安保系统也被触发，不久之后我们把电脑还回去了。如果我没有用我有史以来阅读量最大的博客文章引起人们的注意的话，美国图书博览会的这场骚动可能就悄无声息地过去了。我肆意用照片证明自己有过错，我描述了我们的"抢劫"，很快就在网上疯传，虽然我当时不知道"疯传"这个社交媒体用语。主流媒体也报道了这件事，有很多出版商和评论员参与了讨论。

这场谷歌抢劫事件的新闻只持续了几天，但这是出版商和谷歌之间持续多年的游击战的一部分，最终与其说谷歌输掉了这场战争，不如说它失去了兴趣。持续的争斗、负面的宣传以及与出版商的法律诉讼磨光了他们的斗志，最终谷歌从这项业务中获得的利润与广告收入和其他业务相比微不足道：到2020年，它年收入超过2000亿美元，远超全球出版业的营业额。谷歌已经开始并在继续出色地将世界上伟大的图书馆和收藏机构的稀有古代手稿数字化。但至少目前看来，谷歌不再认为应该侵犯版权。

# 麦克米伦印度分公司

我在麦克米伦工作时，欧洲之外最常待的国家是印度，这个国家在21世纪之交推动变革并为出版业带来了极高的效率。

这绝非意外。早在1979年，我在牛津大学出版社时就提出将排版工作从牛津搬到印度的建议。虽然最终落地了，但是过程非常漫长，而麦克米伦和其他很多出版社已经这样做了很多年。印度有时被看作一个很难做出版的地方，在物流和商业上有很多不足，但是它拥有很多基础性资产。比如，这个国家的法律体系虽然复杂，但是是以英国法律为基础制定的，因此世界上大多数地方都能理解，而且他们还有保障言论自由的民主宪法，这对出版成功至关重要。

19世纪，印度被看作英国商务的自然延伸，而麦克米伦是最早一批把图书（主要是教育类图书）通过海运送到印度并在那里设立分公司的出版商之一。据说公司派出两位总经理，一位去东部的加尔各答，另一位去西部的孟买。这两位都忠诚地为公司工作了几十年，但是由于两城之间距离远、交通不便，他们只在退休时接他们回英国的船上见过面。

从这些带有殖民属性的业务开始，一家大型出版企业成长起来了。麦克米伦在每一个主要城市都有分支机构，大众图书、学术和科技出版都有独立的办公室和组织架构；1970年在班加罗尔成立了排版部，主要为全公司服务。到 20 世纪 90 年代末期，该部门已有近 2000 名员工，承担了大量工作，不仅为麦克米伦，也为威立、爱思唯尔等其他大型科学、技术与医药出版商服务。鉴于这个部门为科学期刊提供服务的性质，它需要有专业技能的员工，因此我们通常招聘具有良好英语能力的毕业生。

我第一次接触到发展中国家的高科技业务，是在参观德里一家分公司时。我艰难穿过被奶牛挡住的狭窄街道，来到了一栋破旧的建筑，楼顶上摇摇欲坠地悬挂着我所见过的最大的碟形卫星天线。印度城市表面的混乱和拥挤掩盖了其高度专业的劳动力。20 世纪 70 年代末期，我拜访了牛津大学出版社在德里的分公司，那里打字员数量之多令我震惊，他们跟我说由于没有复印机，且制作复写本的成本很高，因此雇用人力把信函和其他文件打印出来且成本更低。但现在，因为有了数字技术，印度的劳动力正处于一个真正高产的阶段，大部分工作都是在班加罗尔进行的，绝大多数员工都在喀拉拉邦接受过高质量教育。

排版的定义很宽泛。文本编辑、排版、校对都是关键需求，但是随着技术和能力的提高，服务范围也在扩大。这对公司未来很重要，麦克米伦印度公司最大的客户是爱思唯尔，但是鉴于他们持续不断地挤压我们的成本，我们需要丰富并扩大客户群体。麦克米伦印度大概是整个麦克米伦集团最富有创业精神的部分了，最大的成功是签订了在北美出版企业电话簿的合同。忽然，公司需要为水管工、电工、印度餐厅等行当制作数千种广告，在令人难以置信的极短时间内，公司培训并部署了一支设计师队伍，能够制作吸引美国消费者的广告。

## 童书出版逐渐发展

我在麦克米伦时，增长最快的领域之一是童书出版。国际上普遍认为英国的儿童文学和莎士比亚、披头士一样出名。在20世纪60年代和70年代，传奇编辑凯莉·韦伯（Kaye Webb）将海雀图书（Puffin Books）打造成童书出版界毋庸置疑的领导者，将少儿经典以平装书发行，并创立了海雀俱乐部，致力于"让孩子成为读书人"，但主流出版商依然花了惊人的时间才完全理解这一理念。在牛津大学出版社，童书出版几乎就没有进入高管的视线范围，尽管社里曾经有优秀的编辑、作者和插画师资源。

在里德，我们通过海涅曼和梅休因品牌出版了著名的童书系列，比如《托马斯小火车》《小熊维尼》《丁丁历险记》。这些都是备受喜爱的动画形象、我们文学文化的重要元素和大型国际品牌，但它们应得的关注度和严肃对待再次姗姗来迟。以《小熊维尼》为例，该系列已在全球销售了5000多万册，被翻译成70多种语言，在东欧国家尤其受欢迎，华沙有一条街道以维尼的名字命名。这就难怪迪士尼公司最终以3.5亿美元的巨资于2001年买下了所有版权，而这些版权在2022年就到期了，这意味着一众动画形象和故事进入公版领域。

在里德，我们拥有欧内斯特·霍华德·谢泼德（E.H. Shepard）唯一一幅维尼熊的油画作品，而他的线稿为艾伦·亚历山大·米尔恩（A.A. Milne）的文本增光添彩。不得不说，谢泼德在油彩方面远不如在钢笔方面优秀，而且他只画过一幅维尼熊，据说是为20世纪30年代布里斯托尔的一间茶室准备的。尽管如此，鉴于维尼熊的标志性地位，这幅画是国家级艺术瑰宝，我担心它可能在里德爱思唯尔处置文学资产的混乱中丢失。于是我们尝试劝说英国国家肖像馆保存这幅画，但是他们拒绝了，给出的理由令人失望，因为该馆只展出人的肖像，而非虚构的动物。最终这幅肖像画被拍卖了。不过至少现在在温尼伯市公开展出，这座城市赋予了伦敦动物园那只小黑熊名字，这只小熊又为米尔恩带来灵感，米尔恩为它起了维尼这个教名。

历史上，麦克米伦出版了一些著名的儿童文学作品，最早可以追溯到《爱丽丝梦游仙境》（*Alice in Wonderland*）和查尔斯·金斯利（Charles Kingsley）的《水孩子》（*The Water Babies*），进入20世纪时出版了吉卜林（Rudyard Kipling）的《如此故事》（*Just So Stories*），更别提数不清有多少册的比格尔斯（Biggles）的故事了。但是直到20世纪90年代，公司才给予了童书出版应有的关注。这个改变主要归功于凯特·威尔逊（Kate Wilson）。她的出版生涯始于20世纪80年代，那时候她是费伯出版社的版权经理，之后来到麦克米伦建立童书出版业务。

凯特为公司带来了独特的关注点，将编辑才能和公司利润紧密结合。她的突破性选题是朱莉娅·唐纳森（Julia Donaldson）和阿克塞尔·舍夫勒（Axel Schaeffler）创作的《咕噜牛》，它在 20 世纪 90 年代末期出版后立刻成为经典，并在过去 20 多年里销售了大约 1500 万册。在 21 世纪第二个 10 年间，唐纳森依然是英国最畅销的作者，其作品销量超过了 J.K. 罗琳和杰米·奥利弗（Jamie Oliver）等人。该系列有很多衍生版本，包括拼图、立体书、贴画、涂色书和毛毡手工书。早在 20 世纪 70 年代初，哈拉普的业务很艰难时，我们就会在《米莉 - 茉莉 - 曼迪故事书》系列上尝试同样的方法，就像今天布鲁姆斯伯里的编辑和营销人员巧妙地为《哈利·波特》创造新的版本一样。小读者和他们喜爱的书之间的情感联结不只会持续一生，而且会代代相传。更重要并对出版商有利的是，这也意味着读者对纸质童书的喜爱程度是其他出版物难以企及的。童书出版依然以纸质书为主，而且看样子会持续下去，因为父母和孩子仍然很珍惜捧着纸书阅读的触感。

凯特后来和她丈夫阿德里安·索尔（Adrian Soar）一起成立了八卦乌鸦出版社（Nosy Crow），阿德里安担任商务总监，他们大获成功。他们的成功虽然是个例，但是专门做童书的出版商还是很与众不同的，而在我刚入行的时候，人们普遍认为童书只是成人书的初级版而已。现在每个出版社都有独立的童书出版部门和专业的编辑、营销、设计、销售支持，但就像在学术出版领域一样，创造力发挥充分的往往是小型独立出版社。

## 偶然的成功

回到斯图加特，"烦委会"总是呼吁要更加注重战略聚焦，他们会问为什么我们对在津巴布韦做出版有兴趣、为什么在纳米比亚有三个分公司、为什么有那么多不同的教育公司。确实，我们有各种各样的业务，合资公司、协议合作和品牌合作，大部分由于历史原因而存在，但是缺乏焦点并不意味着我们不能赚钱，事实上，大型出版企业的优势就体现在多元化上。好莱坞的编剧威廉·高德曼（William Goldman）有一句流传很久的格言，叫作"所有人都一无所知"——不论多么聪明或者有经验，电影行业没有人知道什么能起作用，以及一部电影是否会成功。在很多时候出版行业也是这样，从会说话的兔子[1]到巫师男孩[2]，过去半个世纪最畅销的书从来都无法预测。但是如果你体量足够大而且足够多元化的话，那么意想不到的机遇和不经意间的成功就会到来，而诀窍是在它们来临时紧紧抓住。

例如，麦克米伦长期以来一直是电讯报图书（Telegraph Books）[3]的出版商，主要内容是填字游戏和《电讯报》的文章选

---

1　指《兔子共和国》。

2　指《哈利·波特》。

3　《每日电讯报》授权麦克米伦出版报上刊登的数独和填字游戏（Telegraph Books 算是麦克米伦旗下的一个出版品牌，但不属于麦克米伦），麦克米伦向《每日电讯报》付版税。

集。2005 年，《每日电讯报》首次刊登数独游戏，我们同意以图书的形式出版并且控制全球版权。很快，我们发现不经意间撞上了一股全球热潮。我们那本含有 150 页游戏和 50 页答案的小书征服了全世界（答案实际上没有必要，是为了凑够 200 页）。我们让霍尔茨布林克下属的《德国时代周刊》的编辑对此引起重视，她对此持怀疑态度，但被说服刊登数独游戏。我们也授权霍尔茨布林克美国分公司出版数独，但遭到拒绝，我们就将北美版权授权给眺望出版社（Overlook）的彼得·梅尔。霍尔茨布林克美国分公司很快意识到了他们的错误，聪明地从《纽约时报》那里得到了数独的授权来弥补，从而确保了整个集团那一年有两本超级畅销书。上述交易中更奇怪的是，我们居然出售了翻译版权，而数独的美妙其实是没有文字、不需要翻译。

我们在斯旺西的分销公司运气更好。20 世纪 90 年代中期，我们出版了新版《葛罗夫音乐辞典》，那时这套书已经有 20 多卷，全套售价几百英镑。为了避免让零售商在中间赚取利润，我们成立了环球出版服务公司（Globe Publishing Services），专门负责向图书馆和富有的音乐爱好者直销。公司决定最好将这个操作伪装起来，避免陷入图书贸易纷争，于是把环球出版服务公司的总部设在斯旺西而非贝辛斯托克（书商会立刻把来自贝辛斯托克的包裹与麦克米伦联想到一起）。一两年之内，随着葛罗夫音乐词典销量的下滑，库房腾出了大量空间。这时，由于仓储空间过剩，公司接洽了它的人脉，主要是曾经到麦克米伦实习过的毕业生，他们已经遍布整个行业。我们最终与奈杰尔·牛顿达成协议，由麦克米伦分销公司负责布鲁姆斯伯里的物流。

有一天早上，我正在浏览公司财报，惊讶地看到斯旺西的员工人数都快爆棚了。经过调查，这似乎是因为布鲁姆斯伯里出了一个新系列，正在以前所未有的速度销售，因此该公司向我们提出需要更多的仓储空间。那是我第一次听说《哈利·波特》，发现麦克米伦很幸运地成为这个现象级产品的早期受益者，斯旺西的经济也因此受益，因为我们不断扩展库房空间，雇用了越来越多的人将书发往全国各地。

所以，所有人都一无所知，出版和其他行业一样，需要大量的运气，但是最优秀的编辑通常对机会很敏感并时刻准备在机会出现时采取行动，杰弗里·阿切尔（Jeffrey Archer）就是个例子。2001年夏天，英国政治家、畅销书作家阿切尔被控在1987年著名的妓女莫妮卡·考夫兰（Monica Coghlan）诽谤案中做伪证而入狱4年，这是英国历史上因伪证罪被判刑时间最长的案件。紧接着，哈珀柯林斯以延期交稿为由取消了与他的合同，这显然是很常见的事情，但是给了他们一个借口与被公众视为耻辱的人保持了距离。哈珀柯林斯不是唯一这么做的机构，英国保守党和马里波恩板球俱乐部都痛批此事，政府和大部分媒体最关心的是如何剥夺他的贵族身份。

随着阿切尔入狱且他的合同全部终止，麦克米伦大众出版部主管阿德里安·索尔看到了机会。阿德里安去林肯郡的开放监狱看望了他——在贝尔马什监狱服刑一段时间后，阿切尔在那里服刑。正是在那里，他们达成了阿切尔三卷本回忆录《狱中日记》（*The Prison Diaries*）的合作。复杂之处是，从罪犯那里获得利润是不合法的，因此我们没办法给他支付预付金。阿切尔本来就很高产，再加上服刑期间没有干扰，他在狱中写完了全部三卷。第一卷是他还在狱中时出版的，大获成功。而《每日邮报》（*The Daily Mail*）的连载加持，让这本书利润极其丰厚。虽然由于法律原因，阿切尔无法从中完全受益，获释后，他所有的收入也仅限于版税。

我们很快和阿切尔达成了进一步合作，他当时还在为处于最低谷时期被哈珀柯林斯抛弃而生气，于是将所有重印书版权交给了麦克米伦。在随后的 20 年里，阿切尔的全部作品在全球销售了 3 亿册，他大概每年为公司带来了 200 万英镑的利润。随着我对他的了解更深入，我劝他写博客，又吸引了年轻一代的读者，还拓展了全球的读者群，尤其是印度，后来成为他最大的市场，印度人并不关注他在英国刑事司法系统中的遭遇。

## 管理偏移

管理一家出版公司或者任意一家公司，要注意的一个问题是，你花最多时间做的事情并不一定是最赚钱的。在安妮特·托马斯的带领下，自然出版集团蒸蒸日上，我没有什么理由插手，但有许多其他事情够我忙的。

有一件事花费了相当多的时间，就是让麦克米伦的名字回归美国。这是一段漫长曲折的历史。早在 19 世纪 70 年代，一位名叫乔治·布瑞特（George Brett）的编辑在纽约开设了麦克米伦的第一间办公室。几十年后，他从麦克米伦家族买下了公司在美国的业务，但保留了品牌名称。布瑞特家族一直经营麦克米伦的美国业务到 20 世纪 60 年代，之后公司经历了一系列的兼并，最终落入罗伯特·麦克斯韦尔的手里。在他离奇死亡[1]后，作为债务清算和资产分割的一部分，麦克米伦的名字不知何故落入了培生的名下。同时，早在 20 世纪 50 年代，麦克米伦实际上重新进入过美国市场，但是它的名字已经被占用了，因此不得不以圣马丁出版社（St Martin's Press）的品牌在美国经营市场。

这些对于圣马丁出版社的管理层来讲不是问题，但是麦克米伦家族和董事会认为是时候改变现状了。在拥有麦克米伦的 15 年间，培生没有用麦克米伦出版品牌做任何事情，但是这个品牌既然对我们有价值，对他们也应该有价值，于是我不得不在 2007 年花费大量时间与他们的首席执行官玛乔丽·斯卡尔迪诺（Marjorie Scardino）谈判，之后我们同意花重金只买回麦克米伦这个名字。

在努力通过出版盈利的日常工作中，有很多其他的干扰。20

---

1 没有人知道麦克斯韦尔最后发生了什么，他被发现时尸体漂浮在地中海上。

世纪 90 年代中期，皮卡多出版品牌因《BJ 单身日记》（*Bridget Jones's Diary*）大获成功，很多年之后还有了电影版。考虑到同名女主人公在一家出版公司的宣传推广部工作，皮卡多很自然地觉得应该为明星蕾妮·齐薇格（Renée Zellweger）提供实习机会，因为她想要花些时间熟悉英国出版业并练习英式英语发音。和好莱坞一样，对于保密的强调到了近乎歇斯底里的地步，除了宣传推广部总监卡米拉·埃尔沃西（Camilla Elworthy）和我之外，其他人都不能知道新来的实习生是齐薇格。她用的名字是布里奇特·卡文迪许（Bridget Cavendish），工作是在办公室复印文件。编辑部似乎都没有认出她来，如果不是她每天早上坐着司机开的豪车来上班，然后和当时的男友金·凯瑞（Jim Carrey）拥抱告别的话，我们很可能会成功保守秘密。当然，这一切都值得，《BJ 单身日记》的电影配套版进一步推动了该系列的全球销售，销量达数百万册。

我在麦克米伦的工作在一个重要的方面变得轻松了。由于是家族公司，通过霍尔茨布林克出版集团控制，虽然我得忍受"烦委会"，但是不用操心极费时间的公众股东关系维护。但有一个例外，我们拥有麦克米伦印度分公司的控股权，这是一家在印度马德拉斯证券交易所上市的公司。这意味着，在我的职业生涯中，第一次不得不面对年度股东大会。事实上，这没有我想象得那么累人，股东显然想要更多分红，除此之外，大部分股东问的问题都是关于会议过程中供应的"简易午餐"或者小食的品质的。据我了解，这似乎是印度股东大会的常规问题，至少比我们在布鲁姆斯伯里经常碰到的问题要强，在整套《哈利·波特》系列完结很久之后，总会有人问下一本什么时候出版。

就在此时，当时的麦克米伦公关部主管萨拉·劳埃德（Sara Lloyd）建议我向全体员工发布首席执行官内部通信，她是公司在众多优秀应届生中最新任命的一位。我觉得我为员工做的事都会很无趣，或者如果内容具有启发性的话，会泄露给行业的其他人。所以萨拉和我一致认为我应该每天写一篇博客，尽量让内容有趣，并接受它会公开。两年间，我坚持每天写点东西，这让我的家人很恼火，我怀疑我的很多同事也很恼火。除此之外，这倒是一个了解新媒体和相关指标[1]，以及什么能够激发反馈的很好的方式。提及知名作家对我没什么帮助，因为他们在其他地方被提得太多了，但是争议、挑衅和激烈的争论反响很好。众所周知，互联网可能是一个发泄愤怒的地方，我针对科技公司、文学代理、政客和监管机构的各种长篇批评，在创造流量方面比我想象的要有效得多。我一离开，这个博客就被关闭了，这也许并不奇怪。

我在麦克米伦工作 10 年后，一份报告显示，在过去 10 年间，集团的税后现金总额刚刚超过了 400 万英镑，也就是说，戴特全额收回了他并购麦克米伦所花的钱，霍尔茨布林克家族现在拥有一家至少价值 20 亿英镑的公司。这似乎正是我离开的好时机：

---

1　指博客浏览量等后台数据。

麦克米伦健康发展，在美国重新获得了品牌名字，而那时候斯蒂芬是霍尔茨布林克出版集团的总裁，他对于未来媒体和技术有着很清晰的想法。一如往常，当需要做职业生涯决策时，重点考虑的是将要与你共事的人而不是你将要做的工作。在这个方面，出版和其他行业都是一样的，而我在哈佛学到的一课历久弥新，即专注于你最喜欢做的事情。

那几年，我认识了奈杰尔·牛顿并相信他是能愉快共事的人。他30岁时创办了布鲁姆斯伯里出版公司，我们经常有交集。他是一名有天赋的、不知疲倦的优秀交易能手。麦克米伦和布鲁姆斯伯里的发行合作伙伴关系对两家公司都很有利，我们向全国发行了大量的《哈利·波特》。在此合作中，我知道他是一个我可以信任并共事的人。因此，在2007年秋天，我离开麦克米伦来到了布鲁姆斯伯里。我的离开并没引发什么不愉快，只是同事们对此都很惊讶。有点儿搞笑的是，一位文学经纪人听到这个消息后问道："理查德为什么要搬去布鲁姆斯伯里？我以为他在切尔西¹住得很开心呢。"

---

1 布鲁姆斯伯里（Bloomsbury）和切尔西（Chelsea）分别是伦敦的两个区。布鲁姆斯伯里出版社的名字和布鲁姆斯伯里区相同。

第八章

# 当《哈利·波特》成功之后

我加入布鲁姆斯伯里时，它正处于一个极度不寻常的时期，面临一个很有吸引力的挑战。2007年夏天，《哈利·波特》系列最后一部《哈利·波特与死亡圣器》的出版是轰动全球的媒体事件。全国各地的书店在午夜就开始营业，这本书打破了以往所有的纪录。书店开门仅24小时就销售了1100万册精装版，其中仅在英国就销售了270万册。显然，这部分收入为布鲁姆斯伯里当年的销售做出了超额贡献，和过去10年的情况基本相同。公司2007年的收入为1.5亿英镑，高于前一年的7500万英镑，而2005年（也是《哈利·波特》系列上新的一年）的收入为1.1亿英镑，2004年为8400万英镑。但过山车即将到达终点。

　　1996年，公司与名不见经传的乔安妮·罗琳（Joanne Rowling）[1]签约，让她写由7本书构成的系列小说，这是出版史上最伟大的决策之一。我们经常听到的故事是，在布鲁姆斯伯里同意给她支付2500英镑的小额预付款并允许J.K.罗琳用首字

---

1　J.K.罗琳原名。

177

母缩写代替自己的名字[1]署名之前，她已被十几家出版社拒绝过，这意味着，第一部出版后，未来的收入空间可能有限。[2]虽然平装书的销售会持续，但是公司真正的增长需要从其他地方实现。

布鲁姆斯伯里创立于1986年，1994年上市，几年前它的股价高达每股350便士，但是2008年我加入时已经跌落至每股110便士左右了。最近公司发布了盈利警告，尽管过去10年间公司账上已经积累了7000万英镑的现金。有现金是好事，但也是个问题：应该怎么用。伦敦金融城希望这些储备金要么分红，要么进行战略投资，使公司发展壮大。尽管布鲁姆斯伯里给作者支付过超高额的预付金，但是并没有给股东带来信心，比如给政客大卫·布伦基特（David Blunkett）的回忆录支付了40万英镑，这本书的销量几乎与《单峰骆驼解剖学》一样惨淡，还有在一次拍卖中，布鲁姆斯伯里以75万英镑的高价拍下了流行歌手加里·巴洛（Gary Barlow）的自传。类似的事情越多，现金就越来越少，而伦敦的文学代理很清楚布鲁姆斯伯里在银行里有多少钱，他们认为公司会有求必应。

我们对这一切的态度很明确：《哈利·波特》是百年一遇的作品，复制它的成功不是一个可行的战略。我们需要建立更加稳定的出版业务，这意味着要从单纯的大众出版向外延伸。我想这

---

1  这里指允许用 J.K. 的缩写，而不是完整的姓氏和名字。
2  指的是精装本的销量如此巨大，所以出版社很难看到如何将收入保持在相同或更好的水平。

不是一个独特的观点，只要足够密切地关注这个行业，任何人都可以看到这些趋势。至少在英国，消费者图书市场未能实现增长，亚马逊和高街零售商的势力越来越大，索要更高的折扣，作家代理又坚持限制给出版商的授权。我们如果要避免被挤压，就需要在这个行业另辟蹊径。

幸运的是，我们已经为此打下了基础，因为早在2000年，奈杰尔·牛顿就精明地收购了A&C布莱克出版公司（A&C Black）[1]。这家200岁的英国出版社在历史上大部分时间里都位于爱丁堡，后来搬至伦敦，出版过沃尔特·司各特（Walter Scott）和P.G.伍德豪斯（P.G. Wodehouse）的作品，但最知名的是自然历史和参考文献，包括久负盛名的《名人录》和《作家和艺术家年鉴》（*Writers' and Artists' Yearbook*），也出版过《里德航海年历》（*Reeds Nautical Almanac*）和其他曾经由哈拉普出版的与海事有关的选题。在我加入之前，布鲁姆斯伯里也收购了梅休因的戏剧选题。因此，公司具有多元化的基础，可以从大众出版迁移。

因此我们利用《哈利·波特》带来的丰厚利润进一步投资于公司和支付图书预付款。之后的5年里，我们采取了活跃的企业收购战略，不断在行业中寻找潜在的收购对象，随时准备在机会

---

1　原名 Adam and Charles Black（简称 A&C Black），于 1807 年由亚当·布莱克（Adam Black）创办于爱丁堡，1889 年迁至伦敦，以出版《大不列颠百科全书》与《世界名人录》等书著称。

出现时迅速出手。连续体出版社（Continuum）是其中最大的一次收购，总金额约 2000 万英镑。在很多方面，这家公司拥有的是布鲁姆斯伯里所欠缺的，虽然它确实规模小且选题类型不拘一格，但它其实是一个小型学术出版商的集合体，主要是人文社科领域出版：语言学、电影和音乐研究、教育以及神学图书。这里几乎没有知名作者，也没有支付高额预付金的文化，只有一系列在不同市场建立起声誉并拥有编辑专业知识的坚实公司和出版品牌。连续体出版社被收购后，和我们从达科沃斯收购的布里斯托古典出版社（Bristol Classical Press）一起被纳入新成立的布鲁姆斯伯里学术出版品牌（Bloomsbury Academic）。之后伯格（Berg）也纳入了布鲁姆斯伯里学术品牌。这是一家位于牛津的学术视觉艺术公司，当时已经成为时尚、设计和文化研究领域学术著作的领军出版商。

我们不仅收购了学术出版社，还有专注于军事历史的鱼鹰出版社（Osprey），50 多年来，它凭借插图、地图和全彩摄影照片建立起了良好名声。我们收购了《威斯登板球年鉴》（*Wisden Cricketers' Almanack*），它不仅是个体的快乐源泉，而且具有诱人的发展前景。还有绝对出版社（Absolute Press），它在 20 世纪 80 年代早期与基思·弗洛伊德（Keith Floyd）联合开创了与电视节目结合的美食出版的先河，因此，大厨汤姆·克里奇（Tom Kerridge）后来成为继 J.K. 罗琳之后布鲁姆斯伯里最成功的作家之一。

2009年我们买下了《阿登版莎士比亚》（*Arden Shakespeare*）系列。它多年来归国际汤森出版公司（International Thomson）所有，因为汤森家族的一员对该系列有个人情感，但最终公司还是将这个系列和他们大学教材的权益出售给了美国一家教育公司圣智学习出版（Cengage Learning）。圣智学习公司隶属于私人股本集团，没有充分意识到阿登版系列受到了几代英国文学学者和学生的尊敬，竟然和该系列的一名编辑发生了影响极大的冲突，解雇了一名为新版《仲夏夜之梦》（*A Midsummer Night's Dream*）辛勤工作了10年的知名教授。结果，他们引起了国际莎士比亚研究群体的愤怒，网上传播着一份为该编辑辩护的请愿书，甚至有人威胁称，如果她不复职，他们将抵制所有阿登出版社的作品。我在法兰克福书展上见到了圣智的首席执行官，他当时正为此感到心烦意乱，我在酒吧向他表达了我同情并主动提出接手他的阿登出版品牌。很快我们就达成了协议，并通过让阿登与梅休因重聚来安抚莎士比亚的读者群，因为后者是19世纪最初出版该系列的出版商。

当我们进军法律出版领域时，同样迅速抓住了有利时机。我们当时已经收购了哈特出版社（Hart Publishing）和托特尔出版社（Tottel Publishing），后者是从巴特沃斯剥离出来的一家法律和税务出版商。这让布鲁姆斯伯里有机会与励讯集团（前身为里德爱思唯尔）旗下的律商联讯（Lexis Nexis）进行一项有利可图的交易。律商联讯迫于英国竞争与市场管理局的压力，出售了它最近刚收购的位于布里斯托尔的法律出版商乔丹（Jordan's）的家庭法部门。除了布鲁姆斯伯里，它很难将其出售给任何一家大型法律出版商，比如汤森或者威科集团（Wolters-Kluwer），因为这类出版商会面临同样的竞争规则问题。励讯集团所出的价格反映了他们的困境，对布鲁姆斯伯里则很有利。

就不同出版主题或细分市场而言，我们真正关注的焦点在于建立重印书目录。在所有情况下，公司的目标都是收购能尽可能多地带来订阅收入和良好数字化增长潜力的小众市场的一流出版社以及高质量选题的生产者。比如，我们收购伯格的一个重要因素是它能让我们推出伯格时尚图书馆数据库（Berg Fashion Library）、如今的布鲁姆斯伯里时尚中心数据库（Bloomsbury Fashion Central）：一个摄影图像和内容的在线收藏库，现在是时尚和服装研究的主要资源库。对于大多数基于收购的战略来说，不是所有的投资都能立竿见影，但是建立多元化投资组合的最大优势正是这些投资不一定都要立即见效。我们的想法是，让公司发展到一个风险可控，不再依赖于单一的作者、系列甚至市场的高度。过去 10 年间，布鲁姆斯伯里从一个大众图书出版商发展成为一个全球化、面向多元市场的出版商，其股价稳步回升。

当然，我们依然拥有《哈利·波特》。当 J.K. 罗琳决定把自己第一部成人小说交给另一家出版社出版时，我们和她的经纪人开了一个会。正如我们的营销人员长久期盼的那样，他同意布鲁姆斯伯里出版《哈利·波特》系列的彩色插图版，J.K. 罗琳亲自选定了屡获殊荣的插画师吉姆·凯（Jim Kay）。这个新系列和原版一样，2~3 年出版一本。事实证明，它们非常受欢迎，正如营销人员预测的那样，那些看这套书长大的人都渴望为自己的家人购买新版。而这一次，当涉及插图时，我们确保自己拥有全球版权，包括美国。

## 威斯登——长久的爱恋

在布鲁姆斯伯里的收购项目中，可能最让我可心的是《威斯登板球年鉴》。这部"板球界的《圣经》"由退役的板球运动员约翰·威斯登（John Wisden）于 1864 年创办，自那时起从未间断出版，是世界上历史最悠久的体育类年鉴。它的早期版本深受收藏者喜爱，每册售价达数千英镑，而一套完整的年鉴在罕见的情况下会以高达 6 位数的价格被拍卖，甚至有专门购买和销售这份年鉴古董版的生意。

它的出版历史也十分复杂。离开威斯登家族之后，它曾属于一个板球和运动装备生产商格雷斯 - 尼科尔斯（Grays-Nicolls），之后（通过英国印刷公司）落入了罗伯特·麦克斯韦尔之手。他对这项业务有各种各样的想法，但幸好一个都没有实现。20 世纪 90 年代初期，这本年鉴被拍卖，我代表里德国际图书公司迫切想得到它，但当我意识到亿万富翁约翰·保罗·盖蒂（John Paul Getty）也在竞标者之列时，我们立马放弃了这个想法。保罗是石油大亨之子，知名的亲英派人士和慈善家，在米克·贾格尔（Mick Jagger）的介绍下接触板球，后来成为最伟大的板球爱好者之一。随后，他出资在罗德板球场建了一个漂亮的新看台，并在他的沃姆斯利庄园建了一个很棒的球场，用来接待巡回赛的国家队。如果他真的想要得到威斯登，那么没有什么能够阻挡他。

盖蒂也许喜欢板球，但是从未对出版表现出多大兴趣，现在他收购了一项出版业务，必须找人帮他管理。幸运的是，威斯登是那种很容易吸引朋友的机构，虽然我没能为里德公司买下这项业务，但我很开心成为它的非执行董事。虽然这是一个非常小的业务，但是我们能够组织一个非常强大的董事会，包括银行家兼板球运动员马修·弗莱明（Matthew Fleming）和杂志出版商约翰·布朗（John Brown，牛津大学出版社早年的出版人约翰·布朗爵士的儿子）。在盖蒂那栋能眺望格林公园的公寓里开会的不仅有出版商，还有知名金融家和板球作家，所有人都因对这项运动的热爱，以及为出版机构无偿奉献时间的意愿而聚在一起。这些年来，威斯登集团成为一个有趣的利益集合体，除了年鉴以外，它还拥有《板球手》（*The Cricketer*）月刊、由理查德·英格拉姆斯（Richard Ingrams）创办的《老骨头》（*The Oldie*）杂志、板球信息网站（Cricinfo），以及广泛应用于网球、板球和其他运动中追踪球体运动轨迹、协助裁判判罚的鹰眼技术系统。

保罗·盖蒂去世后，他的儿子马克（Mark）成了总裁。2008年，我们在沃姆斯利庄园召开战略会议后，董事会研究了公司未来是发挥编辑和数据优势，丰富体育电视节目内容，成为一家体育娱乐公司，还是开展其他业务。马克那时已经成功创立了盖蒂图片库（Getty Images），但他没有胃口创办一家广播公司并获得体育赛事转播权。因此，他谨慎地进行了一场大甩卖，把板球信息网站卖给了娱乐体育节目电视网（ESPN），将《板球手》卖给了天空电视台（BSkyB），后来把鹰眼系统卖给了索尼（Sony），那就只剩下年鉴了。在优先考虑拍卖方案之后，马克认为如果被不合适的人或者明显是美国人买走，他将无法面对众怒。于是，在我没能让里德收购威斯登的20年后，我们达成了交易，最终它投入了布鲁姆斯伯里的怀抱。

我们希望通过布鲁姆斯伯里让《威斯登》继续发展壮大。它已经把品牌授权给板球知识产权公司（Cricket Properties）了。这是一家数字内容及赞助公司，运营Wisden.com网站，但更重

《威斯登》的首版重印版
和2022年的最新版。

要的是，原版年鉴仍然每年出版，和1864年以来的每一年一样。在赛季开始的4月，世界各地的板球爱好者会购买大约3万本独特的黄色精装书。直到现在，当属于我的那一本到来时，我的心依然为之雀跃。

## 成为数字世界里的数字出版人

我加入布鲁姆斯伯里时，电子书只是刚刚成为值得思考的东西，亚马逊的Kindle电子阅读器于2007年发布，索尼的电子阅读器是2008年推出的。我们那时很多选题并没有数字文件，于是开始和微软合作将重印书数字化。至于数字版权，不用说是非常复杂的。很多合同对数字版权都只字未提，几乎没有任何合同明确规定应该为电子书销售支付多少版税。

距离我与迪克电子公司讨论牛津大学出版社第一本词典的合作项目已经过去25年多了，人们对电子出版有了更加广泛的理解，但在此过程中发生了很多失误。部分困难在于，一些最优秀、最有价值的出版业务和资产恰恰是最容易被互联网摧毁的，《大英百科全书》（*Encyclopedia Britannica*）就是一个众所周知的例子，其延续了200多年的辉煌历史在维基百科出现的一刹那变得无足轻重。20世纪90年代初期，当里德公司以2.8亿英镑的价格从麦克斯韦尔通信公司（Maxwell Communication）的管理者手中收购了官方航空指南公司（Official Airlines Guide）时，类似的桥段再次上演。当时很多人都认为这笔买卖很划算，比几年前麦克斯韦尔自己收购时的价格低。自 1929 年以来，它一直是一家利润颇丰的出版商，为航空公司提供航班时刻表和旅行信息，但在数字时代。这些信息不仅限于一家出版社所有，而是可以免费公开。到 2014 年，里德爱思唯尔放弃了官方航空公司指南公司并同意管理层收购。

当然，亚马逊当时已经成为纸质和数字销售的主力军。2009 年，布鲁姆斯伯里和亚马逊在商业条款上产生了分歧，于是亚马逊把我们所有选题的"购买"按钮都取消了。它的页面上依然有我们的书，但是读者只能从第三方而不是亚马逊购买。这个问题后来得到了解决。这不是什么新鲜事，自从有书店以来，出版商和零售商就一直在为商业条款做斗争。早在 20 世纪 90 年代，WH 史密斯书店曾有一小段时间拒绝销售海涅曼的选题。当我提醒节目主持人、商业大师约翰·哈维 - 琼斯（John Harvey-Jones）这意味着他的新书也不能上架之后，他告诉我无论如何都不要对史密斯让步。我们没有让步，结果事情也很快解决了。

无论是过去还是现在，亚马逊本质上的不同在于它的业务之广，以及这导致它能够潜在控制你的手段。最终，所有像 WH 史密斯、布莱克威尔这样的连锁书店能做的只是威胁不从出版商那里进货，但亚马逊可以同时拒绝图书从 Kindle 电子阅读器上架、在亚马逊有声读物（Amazon Audible）下架、取消按需印刷功能，甚至限制阿贝书店（Abebooks）[1]市场或者好读（Goodreads）[2]线上阅读社群。仅仅因为亚马逊非常清楚自己的巨大能量，也留心引起政客和监管机构关注的后果，所以它的行动才有所收敛，它最不想要的就是和政府在图书销售问题上发生争执，因为现在图书销售只占它整体业务很小的一部分。事实上，在我撰写本书时，亚马逊的贸易条款没有大型实体连锁书店那么苛刻，但是面向大众读者的线上渠道完全被一家公司控制，是一种不健康的状况。

## 线上公共图书馆：努力将图书馆服务现代化

我在布鲁姆斯伯里时最有野心的一项尝试是"布鲁姆斯伯里公共图书馆在线"（Bloomsbury Public Library Online）数据库项目。这是一个姗姗来迟的尝试，旨在帮助保护英国的图书馆服务并使其现代化，不过它以失败告终。和我这一代的很多人一样，我是在图书馆的陪伴下长大的，它们是我童年的重要组成部分，也是我阅读的开端。在我小时候，每周六上午游完泳，我妈妈都会带我去社区的图书馆挑一本书。之后，我在"瑞士小屋"[3]的

---

1　Abebooks，1995 年成立的从事旧书交易的网站，该公司于 2008 年宣布被亚马逊收购。
2　Goodreads，美国书评网站，全球最大的推荐阅读书籍的社交网站之一，提供了极为丰富的图书信息，包括关于书籍版本、内容简介、读者评价等。
3　Swiss Cottage，伦敦地名。

图书馆借阅教材学习新加坡剑桥 O 水准考试课程[1]。我在伦敦长大，能举出很多这样的例子，不仅有恢宏的维多利亚时代的图书馆建筑，也有 20 世纪的建筑，因为最早是公共订阅，后来市政府为整个城市的图书馆提供资金。在伦敦东区，像老白教堂图书馆（Whitechapel Library）这样的地方，一直是工人阶级和移民自学并获得进步的途径。

数十年来，公共图书馆是大众出版的重要组成部分。普通非畅销小说出版的支柱是公共图书馆体系，而英国的 4000 多家图书馆分支机构馆藏了大量的精装本小说。20 世纪 70 年代，如果你出版了一部由体面的、中等水平的作家撰写的侦探小说新作，你可能会印刷 5000 册，其中的 2000 册会销售给公共图书馆。一代作家群体以这种方式建立起了自己的读者群并以此为生。2007年，J.K. 罗琳打破了所有的销售纪录，但在英国图书馆的借阅量排行榜中仅位列第 43 名，远不及那些没那么出名的作家，比如约瑟芬·考克斯（Josephine Cox）、伊恩·威柏（Ian Whybrow）和凯蒂·弗林（Katie Flynn）。我在里德时，那里依然有一个专门的馆配销售人员，负责销售图书馆版本的图书——用更加结实的材料装订的毛书，以便经得住多人翻阅。

遗憾的是，在我的职业生涯中，公共图书馆在出版业和作者心中的重要程度越来越低。这是由多种因素导致的，但并非所有

---

1　O Level，由新加坡教育部和英国剑桥大学地方考试委员会共同主办的统一考试。

原因都是不好的。20 世纪 80 年代，水石书店的出现和扩张，以及之后亚马逊在 20 世纪 90 年代末期的兴起和发展，使得人们在英国各地寻找和购买图书变得更加容易。在这之前，在很多小镇里，藏书丰富的公共图书馆（甚至面向小村庄推出的流动图书馆）是人们轻松获得优质图书的唯一途径。

但是在过去半个世纪的大部分时间里，主要问题不仅是服务效率，还有公共资金的水平。这个问题在过去的 10 年里尤为突出，财政紧缩时，图书馆总是首当其冲，2010 年以来，它们获得的资金减少了 1/3，全国约有 800 家图书馆分支机构关闭。提供图书馆服务是地方政府的法定要求，因此他们应该负责管理和资助，而不靠国家。戴维·拉米（David Lammy）向我阐明了这一点，他在 21 世纪初是分管图书馆工作的文化部部长，对此，我不禁想知道为什么他领着部长的薪酬，却做着号称自己无法掌控的事情。由于国家或者地方层面对此都没有足够的支持，现在很多城镇没有一家正常运营的图书馆，不仅是整体资助缩减，图书馆花在采购图书上的比例也减少了。英国很多图书馆都是维多利亚时期的建筑，往往有历史意义，很不幸，这导致很多预算不得不花费在修理、维护、保护、供暖而非图书上。据估算，2005 年以来，英国公共图书馆的图书总量已从 1 亿多册下降到了 7500 万册。

"公共图书馆在线"项目就是一项应对上述部分挑战的尝试。那是 2010 年，亚马逊在英国发布了 Kindle 电子阅读器，当时新政府正准备大幅削减地方政府的资金，但是谁也不知道公共图书馆该如何适应电子书，以及它们在提供更好、更有效的服务上能扮演什么角色。布鲁姆斯伯里当时想法本质上是把为大学图书馆建立的学术期刊模式应用于公共图书馆，即图书馆能够从出版商那里购买订阅服务（比如每年 500 英镑），这样其会员就可以阅读出版商发行或有权使用的部分或全部图书的电子书版，而不用购买单个选题的副本了。用户将个人认证信息与图书证关联后，每个月可以用图书证阅读一定量的电子书，这将帮助图书馆现代化并为会员服务，且不必支付实体书的仓储或装卸成本了。这种方式相对便宜，又避免了麻烦，而且出版商和作者依然可以从图书馆系统中获得一些收入。

但是，仅仅因为你有一个好的想法不意味着它能奏效。我们确实想办法成功让一些地方政府的图书馆注册了这个数据库，包括威斯敏斯特和埃塞克斯图书馆，但支出削减幅度之大，使图书馆参与到成本削减之外的任何事情上都很困难。如果有国家层面的许可，那么所有图书馆都可以在不动用自己预算的情况下使用该数据库，这将大大提升使用率。尽管我们和一些热衷此事的部长开了许多会议，英国政府还是没能让这个想法落地。这与"荷兰图书馆服务"（Dutch Library Service）形成鲜明对比，我们成功把服务授权给了他们，而他们至今依然运营着类似的项目。部分问题在于当时的技术还相当笨拙，我们一开始能提供给图书馆

我所在社区的图书馆的大门
紧闭，令人伤心。

的全部是图书的可携带文件格式 [1]，而不是之后能在各种移动设备上运行的更加灵活的格式。但真正的问题是，和学术出版不同，我们不能说服足够多的出版商参与，因为大家普遍担心公共图书馆数字化访问电子书将蚕食纸质书的销售。想要真正改变公共图书馆，我们需要行业合作以及一些大型大众出版商的加入。

所以，尽管公共图书馆在线的项目经理能力卓越、富有干劲，项目还是失败了。公共图书馆持续衰落，过去的 50 年已经证明，它们在应对变化和创新方面的能力远不及出版业。比如，当按需印刷到来时，图书馆本可以助力这项技术的推出：如果图书管理员意识到，他们不需要每本书都储存，也不需要使用费力而昂贵的图书馆之间相互借阅系统时，他们本可以提供现场打印的选择。但是，图书馆员的普遍反应是抗拒。

---

1　PDF 版本。

图书馆和企业也不尽相同。其实图书馆可以做更多的事情，至少为自己赚取一些收入，这样做应该是合理的。就像美术馆、博物馆和其他文化机构，甚至休闲中心大多开发了混合经济模式，将付费服务、商业活动与公共资金、捐赠相结合，比如开餐馆、礼品店或咖啡馆。公共图书馆独一无二的特点是，它是一个公众可以免费借书的地方，没有其他任何附加产品或服务，无论是免费还是收费的。

但最终，公共图书馆系统的繁荣永远依赖于政府或慈善基金会的资助及其相关管理智慧。我家附近的米尔德梅图书馆（Mildmay Library）建于 20 世纪 50 年代，是一栋色彩缤纷、后现代风格的建筑。20 世纪 80 年代，它是全国第一批拥有计算机库存管理系统的图书馆之一。但现在的处境十分糟糕，每周只开放两天半。安德鲁·卡耐基（Andrew Carnegie）曾出资为全英国 600 多家图书馆提供支持，我们现在的工业时代的科技亿万富翁不太可能做同样的事情。

## 布鲁姆斯伯里的企业文化与行业进步

莉斯·考尔德（Liz Calder）是一位知名编辑，她也是格劳乔俱乐部（the Groucho Club）和橘子小说奖（Orange Prize for Fiction）创立的推手。早年间，在《哈利·波特》现象将布鲁姆斯伯里出版社带到不曾意想过的地步之前，莉斯帮助布鲁姆斯伯里建立了高品质文学出版社的声誉，出版了玛格丽特·阿特伍德（Margaret Atwood）、迈克尔·翁达杰（Michael Ondaatje）等作家的作品，并定期角逐布克奖。

虽然我加入布鲁姆斯伯里时莉斯·考尔德已经离开，公司也在蓬勃发展，但是她培育的企业文化依然存在，这包括女性占据重要职位，尤其是优秀的总编辑亚历山德拉·普林格尔（Alexandra Pringle），她在这个职位上做了 20 年。放眼整个公司，我在的时候约 70% 的员工都是女性，这不仅反映了布鲁姆斯伯里的情况，也反映了这些年来出版业的文化发生的变化。出版商协会最近的调查显示，女性现在占据了出版行业过半的高管职位。当然，这也是职场和社会层面变化的趋势，但是出版行业也主动采取了一些措施。比如，金·斯科特·沃尔温去世后，以她的名字设立了金·斯科特·沃尔温奖以纪念这位牛津大学出版社优秀的编辑。2003 年以来，该奖项一直授予"出版业的杰出女性"。

尽管行业取得了进步，但这并不总是一帆风顺的。以英国书商协会为例，该协会成立于 20 世纪 20 年代，是图书行业专业人士每月聚餐的俱乐部，汇集了出版商、书商、印刷商、图书馆员和偶尔出席的作者代表。晚宴在梅费尔的萨维尔俱乐部（The Savile Club）举行，一直是伦敦出版界的重要组成部分，一个社交和谈生意的地方，也是年轻出版人学习和构建人脉的地方。协会成立 40 年后，到了 1972 年才姗姗来迟地接纳女性，我是 1988 年刚到里德不久时加入该协会。到了 21 世纪，鉴于 40%

的成员是女性，许多人觉得"书商"（Bookmen）这个名字越来越有问题，曾有两次修改名字的尝试，结果都未能通过，因为需要至少2/3的成员投赞成票。无奈之下，协会会长在一次晚宴上发起紧急动议，让大家当场举手表决，最终，书商协会更名为"图书协会"(The Book Society)。

我参加了这次晚宴，显然投了支持更名的票，但通过紧急动议来回避完全民主投票的方式让我很不舒服，因此我向协会的管理委员会递交了辞呈。但是，事情就是这样，我接受了他们认为我应该担任图书协会主席的建议，和会长一道确保善治原则在未来得到维护。几年后，协会的一位成员指出，我们经常去的萨维尔俱乐部的会员仅限男性，因此不适合作为聚会的场所。我和俱乐部经理沟通过此事，他证实情况确实如此，而且在可预见的未来不太可能改变，他们唯一的女性会员是以男性身份加入，后来做了变性。于是我们的聚会搬到了考文特花园的管道俱乐部（The Conduit）。结束与萨维尔俱乐部的长期合作很遗憾，但我坚信这是一个正确的决定。

这是出版业取得长足进步的一个很小但有象征意义的标志。虽然我们不应该自满，但当我回顾过去50年，出版业的进步是惊人的，而且非常积极。20世纪70年代中期，我在培格曼工作时，每年会举行"培格曼小姐"比赛，就像1974年8月在内部报纸《培格曼公报》上发布的那样。这不是"普通的选美比赛"，评委们"也在寻找其他特质，比如人格魅力、风度、自信和效率"。胜出者将赢得在巴黎度周末的机会、一个新衣橱和一套"冠名时佩戴的腰带、斗篷和王冠",这是她在迎接贵宾和出席公司官方活动时需要穿戴的。别忘了,培格曼可是一家位于牛津的科学出版商,当时被认为是英国最有前瞻性和活力的出版公司之一。

除了越来越多的女性在出版业工作并担任更高级的职位以外,另一个积极的进展是劳动力更加多样化。英国版协这些年在推动变革以及跟踪妇女和少数群体的劳动力构成进展方面做了杰出的工作。根据近期的一项调查,非白种人已经占到行业的 15%,虽然我们能做的还有很多(特别是在社会经济背景方面),但是这 50 年来的进步已经十分惊人了。当然,早在 20 世纪 70 年代,

职场中的性别歧视。

196

没有人会想到用如今的方式收集有关劳动力的数据，但是并不需要数据就能知道存在着严重的问题。

即使他们是出于好意，我也会回忆起过去让我不舒服的时刻。1975 年，在我加入牛津大学出版社之前，公司首位人力总监比尔·帕奇特（Bill Patchett）联系我，想在我入职前和我小酌一杯。我们在东牛津的一家酒馆里畅饮了几品脱，他好心地提醒我要在 3 月 31 日入职，而不是 4 月初，这样我会再多拿一年的养老金，至今我仍从中受益。然后，比尔以非常友好的口吻问我是不是犹太人，当我告诉他"我是"的时候，他试图安慰我："别担心，你没事的，这里还有一个跟你一样的同事。""还有一个"指的是安德鲁·舒勒（Andrew Schuller），他恰好有一个德国姓氏，虽然他的父亲是犹太人，但他从未承认自己也是，所以我是牛津大学出版社唯一的犹太人。

大约过了 13 年，当我即将离开牛津大学出版社时，时任佳话宾信投资银行的董事长、牛津大学出版社财务委员会外部董事的马丁·杰科姆（Martin Jacomb）联系了我。我们在他的俱乐部吃午饭时，马丁试图说服我留下来。我很好奇为什么是这位我不认识的人接受了这个任务，他的答复验证了我的猜测：董事会认为，同为犹太人，他是最合适与我沟通的人。

这一切都很奇怪，因为英国出版业当时已经是被一代犹太出版人所塑造的，其中最关键的就是保罗·汉姆林。当牛津大学的校长发现保罗给我提供了工作机会时，警告我不要和一个"街头小贩"共事。但那时保罗已经是战后英国出版界的关键人物之一了，更重要的是，很多和他同时期的出版人也是犹太人。

20 世纪 80 年代初期，英国版协计划成立一个新的数字平台，叫作出版商数据库公司（Publishers Databases），由英国版协所有并运营，旨在将各出版商的电子出版物整合到一个数据库中，其内容通过订阅的方式出售。所有相关的出版商在贝德福德广场召开了会议，就是否投资该公司并聘请首席执行官启动公司做出了关键的决策。投票时，19 位出版商代表投了同意票，只有我自己投了反对票。果然，出版商数据库公司一事无成。

另一个可能被较少提及的多样性体现在劳动力的年龄。在布鲁姆斯伯里，各个年龄段的人都有，70 岁的亚历珊德拉·普林格尔刚刚从她辉煌的职业生涯中退休，而奈杰尔·牛顿年近七旬，依然意气风发地担任首席执行官。与此同时，锐气不减的莉斯·考尔德离开布鲁姆斯伯里后，和别人联合创立了一家新的出版公司，80 多岁的她最近还当上了布克奖的评委。当然了，当我在哈拉普起步时，我从未想过自己 74 岁依然在出版行业工作。在牛津大学出版社，职业生涯的主要驱动力之一就是退休。资深编辑和管理人员会工作到 65 岁（女性工作到 60 岁），然后退休，这很可能与牛津大学出版社丰厚的养老金有关。但总的来说，只要人们愿意就能一直工作无疑会更好，就像亚历珊德拉和莉斯这样有才华的编辑那样继续为出版业发光发热。

## 设计、推广和销售

我在布鲁姆斯伯里的这些年，我们在全英国的销售代表不超过6个人。相比之下，早在很多年前，哈拉普有大约10名销售代表负责大众零售市场，另有10名负责基础学段渠道，占全体员工的1/5，他们是公司的重要组成部分——赚钱的引擎。大多数出版公司也是如此，有些还设有大学渠道的销售代表，负责说服教授和课程负责人给学生和图书馆推荐他们出版社的教材（多数情况下这是一项艰巨的任务）。出版社聘用的销售代表需要具有销售专业知识，且通常有商业背景，最好还能有一点文学修养。国际销售团队更可能由应届毕业生和多语种人才构成，但英国销售代表往往是纯销售员（通常是男性），他们对自己的领域足够了解，在图书行业有大量人脉。

销售代表对于出版社的重要性体现在销售大会上，这是每年两次（春季和秋季）的公司活动，通常在酒店举行，偶尔在国外的度假胜地召开。出席会议的有销售代表、编辑和宣传推广人员，通常还有公司高管和受邀发言的明星作者。这个会的目的是让编辑们激发销售代表对未来选题的热情，向他们介绍小说情节等，点燃他们的兴趣，这样他们就能更好地走出去，将产品销售到全国各地的书店。我一直不确定这些活动对于提高销售业绩有多大帮助，但是它们确实把公司的不同部门聚到一起了，是一种有效的联络方式，所以随着这些活动的重要性下降，我们肯定失去了一些东西。如今，这类活动大多通过Zoom[1]举行，而不是在酒店。

遗憾的是，由于种种原因，销售代表的数量和重要性在过去50年下降了，其中一个原因就是企业合并。在里德国际，我必须承担的首要管理任务之一就是帮助整合海涅曼、梅休因、米特切尔·比兹利，以及其他被收购的出版社的销售团队。结果就是销售人员的数量从六七十人减到不到20人，这种减少反映出零售商之间的合并。曾经一个销售代表会负责一整个地区，比如苏格兰，整天开着车、住酒店、增加差旅费、到每个小镇的书店拿订单，而这种日子基本上已经一去不复返了。

这种挨家挨户跑书店的销售岗位已经消失，但是从某些方面来说，这个岗位回归了它真正的含义。它是公司的"代表"，一个代表出版社和其作者的角色，而不仅仅是卖书。销售代表现在更多地为作者提供支持：他们陪同作者参加活动、图书发布会、图书节等。他们还扮演着客服的角色，当书店需要紧急订货，或者发行出了问题、书店因信用管理被停止供货时，他们是第一联系人。所以实际上这个岗位的职能升级扩展了。我有时认为他们应该被视为区域总经理，毕竟英国一个地区的销售额可能远超一个小国家的销售额。

与销售重要性下降形成鲜明对比的是市场推广重要性的提

---

1　一种线上会议应用软件。

升，以及宣传推广团队规模的扩大。我刚入职哈拉普的时候，公司有一名营销经理，他手下有一两个人为他准备给书店的书单和邮寄给学校的推广材料。当时没有市场推广部总监，我也不记得我的编辑工作中有任何来自市场部的意见。牛津大学出版社有市场推广部经理，但他们与销售团队实实在在一起工作，没有自己专属的部门。但在布鲁姆斯伯里，和如今大部分出版社一样，可以公正地说，市场推广人员在公司的地位比其他人更高。随着每年新书数量的增长，书店只能展出一小部分图书，因此出版商需要越过中间环节直抵潜在的购买者，这可不是一个容易完成的任务，因为世界各地的图书购买者的兴趣和地域不同。网络使低成本、直接面向消费者的营销推广变得可行，最近大获成功的抖音图书俱乐部（TikTok Book Club）就是一个很好的例子。尽管如此，让一本书、一个系列、一场出版活动获得关注变得前所未有的复杂、富有挑战性，同时也可能会带来回报，这反映在优秀的市场推广部主管的地位及其薪酬水平上。

与之相关的另一个重大变化是设计的作用及其与日俱增的重要性。保罗·汉姆林和特伦斯·康兰等人在30年前引领了高质量的生产价值，但设计已经成为布鲁姆斯伯里这样的出版公司必不可少的一部分。我们拥有一名优秀的艺术总监和一支全职的设计师团队，但由于公司对设计的重视，他们很少能独立工作，封面沟通会议通常有几十个人参加。在会上，可怜的设计师被反复修改和无益的建议折磨得筋疲力尽。尤其对编辑来说，封面设计是最先要考虑的，但重要的是，像我这种几乎没有什么设计感觉的高管，经常会不得不对此发表看法。

变化的不仅仅是书籍设计，设计师和设计价值也渗透到现代出版社的方方面面。当我在哈拉普和牛津大学出版社的时候，情况大不相同，尽管封面设计一直被认为是编辑工作的一部分，但我会把稿子交给设计师，并且基本上相信他们的判断和优秀的品位。

这种现象背后的大部分原因肯定还是与出版的图书数量的大幅增加有关。英国每年发行的新书近 20 万种，经常被认为是世界上人均发行量最高的国家。当然，很多书永远不会销售给大众，但是书的封面需要脱颖而出，而且在书店展示台、网站页面上引人注目，这种需求变得至关重要。因此，随着文学奖项和豪华的晚宴的泛滥，越来越多的图书封面奖的出现也就不足为奇了。

第九章

英国出版业—— 一部国际畅销书

英国出版商一直寻求海外市场来增加销售并支持他们的作者，布鲁姆斯伯里也不例外。1998 年，它的第一家海外分支毫不意外地设在了纽约并取得巨大成功，推出了一系列畅销书，包括安娜·帕福德（Anna Pavord）的《郁金香》（*The Tulip*）以及几年之后苏珊娜·克拉克（Susanna Clarke）的《英伦魔法师》（*Jonathan Strange and Mr Norrell*）。正是在这间办公室，安东尼·波登（Anthony Bourdain）以《厨房秘事》（*Kitchen Confidential*）开启了他辉煌的职业生涯。

2003 年，布鲁姆斯伯里通过收购柏林出版社（Berlin Verlag）在德语市场建立了自己的品牌，发行英文图书，并出版德文版图书。在澳大利亚，布鲁姆斯伯里在悉尼设立了办事处，负责市场推广、销售和发行。在德里，我们鼓励用英语以及当地语言出版图书，如《哈利·波特》的孟加拉语、古吉拉特语、印地语、马拉雅拉姆语、马拉地语、泰米尔语和泰卢固语的版本。在印度，本土化出版对于这个和欧洲非常不同的市场极其重要，这里有出版励志图书和我们（欧洲人）知之甚少的古儒[1]作品的传统。比如，布鲁姆斯伯里成功地出版了励志演说家希夫·凯拉（Shiv Khera）的《赢在好心态》（*You Can Win*）、《你能做到》（*You Can Achieve*）、《会销售》（*You Can Sell*）[2]，它们全都成为畅销书。

甚至在我职业生涯初期，伦敦的出版业就已经是一个国际化的事业了，但是发生重大变化的是地理范围。哈拉普公司的国际化仅限于英联邦市场（以及法国，涉及双语词典）。它在澳大利亚有办公室，通常由一名声望不那么高的家庭成员管理。在印度独立运动之前，曾在孟买有一间办公室。我们也会将图书销售到澳大利亚、非洲部分地区和印度，这些全是英国的前殖民地，而加拿大被视为至少是和美国同等重要的市场。相比之下，欧洲和中东大部分地区对我们意义不大，拉丁美洲则更小，更不用说日本和中国了。当时有法兰克福书展，但除此之外，我在哈拉普时没去过欧洲任何一个城市（除了都柏林）。

早在 20 世纪 70 年代初，这些英联邦市场还是利润丰厚的。我第一顿重要的商务午餐就是和生物学家、尼日利亚学校考试委员会主席晏尼·乌斯博士（Dr Yanney Ewusie）共进的。令我高兴的是，我可以将这一餐记在公司账上，所以我们去考文特花园

---

1　古儒（guru），印度古籍中指对婆罗门教义有较深研究而愿专门致力于教育工作的人。
2　后两本书名为暂译名。

的一家餐厅吃了基辅鸡。不幸的是，我把鸡肉里大量的黄油溅到了他的领带上。尽管如此，我们在用餐期间达成了请他撰写热带生物学插图指南这个项目。花在午餐和干洗上的钱是很值得的，我们卖了5万册，全部在英国印刷，然后运到尼日利亚的中学。

如今，像这样利润丰厚的项目越来越少了，但在国际市场上，直到20世纪70年代末，英国出版业仍然极大依赖英联邦市场。我刚开始在牛津大学出版社工作时，情况也差不多。牛津大学出版社的国际网络和市场不仅受益于英国的遗产，还受益于基督教的独特影响力。英国出版业作为世界上最重要的《圣经》、祷告书和其他神学著作的出版商之一，其业务植根于世界各地的圣公会国家，而这些国家自然大多是英国前殖民地：美国、加拿大、澳大利亚、非洲西部和南部的部分地区、印度。我刚到牛津大学出版社时，它和哈拉普一样，在欧洲、拉丁美洲、海湾地区或东南亚的销售没有那么重要。实际上，牛津大学出版社的财务报告系统显示，所有的国际销售分为两大类，或者叫分支，分支一包括美国、加拿大、澳大利亚，分支二包括世界其他国家（其中印度和尼日利亚大概是其中最大的两个市场）。盎格鲁文化圈和白人是海外战略和销售的主导。

相比之下，培格曼有着完全不同的国际业务重点，它在纽约有一间办公室，而且我们在中欧各地人脉很广，那是麦克斯韦尔开启他职业生涯的地方。那个年代，苏联用俄语发布的科学研究世界领先，特别是物理科学研究，而培格曼有出版大部分研究成果英文版的权利，但它也对世界上很多新兴市场感兴趣。英国在全球经济中的位置正在变化，对于麦克斯韦尔这样对局势敏感的企业家来说，回报是很丰厚的。在欧洲和世界上很多地方，20世纪后期依然是复苏期：经济持续增长、学术研究增多、高等教育扩张。尤其是日本，那时已经确立了科研强国的地位，在"二战"的毁灭性破坏之后，它重建大学、为图书馆填补库存。麦克斯韦尔坚定地认为培格曼应该站在满足这一需求的最前沿。

到了20世纪80年代，日本已经成为英国图书和期刊的绝佳市场，复苏的牛津大学出版社已经开始从中获益。随着日本在教育和英语学习领域的扩张，日元表现强劲，因此从英国进口相对便宜。我在牛津大学出版社的时候，我们有一次拿到了6000套新版《牛津英语词典》的订单，即使以六七折结算，销售额也达到了600万英镑，可惜牛津大学出版社那时没有给员工付佣金的习惯。

从根本上讲，国际出版绝不应该只关乎贸易和市场，它与文化交流、学习、友谊和智慧的相关性更高。我几次日本之行印象最深的是经常能有幸与东京和广川医学出版社（Hirokawa Medical Publishers）的同仁会谈，向他们出售翻译版权。尽管我还年轻，而且是卖方，但这位德高望重的广川老先生对我十分尊敬，并在伦敦和东京的高级餐厅招待我。有一次我去他办公室时，他带我穿过很多滑动门，见到了他的父亲，广川医学出版社的创始人，这让我受宠若惊。这位垂暮之年的老人，身材矮小，留着一缕日式白胡子，坐在一块木板上，和蔼地微笑着。翻译人员对我说老广川先生见到我很高兴，想知道我是否有问题要问他。当时我能想到的最好的问题是："尊敬的出版人老广川先生，能否与我分享一下日本出版业成功的秘诀？"这个问题翻译过去之后，他停顿了很久才用日语回答，翻译转过头对我说："老广川先生说，秘诀是不要印刷太多。"真有智慧啊！

## 英语语言教学出版的发展

过去的 50 年里，英国《圣经》产业无可挽回地衰退，而英语语言教学和学习的兴起不但弥补且超过了因此造成的空缺，对于牛津大学出版社来说尤其如此。比如，在 20 世纪 70 年代初期，西班牙将英语纳入义务教育范畴，规定从小学一年级开始进行英语教学，这产生了对英语材料的需求，大部分西欧国家也采取了类似的战略。20 世纪 70 年代后期，牛津大学出版社在众多欧洲城市构建了分支机构网络，以相对高的薪酬聘用了教育工作者和销售代理开发英语课程和教材的市场，这在当时被看作非常冒险且高成本的战略，我尤其这样认为。这个由充满活力的史蒂芬·沃肖（Stephen Warshaw）领导的赌博得到了回报，牛津的品牌、管理质量和教材等，推动牛津大学出版社成为全球领先的英语语言教学出版商。

不仅是欧洲，亚洲和中东也逐渐成为利润丰厚的市场。一名黎巴嫩军火走私犯一直在订购牛津大学出版社的英语语言教学类词典，因为这些词典码放在一起，是他箱子里武器的理想封盖。他不久就发现，这些书的利润通常比枪支还要高，于是他改弦易张，成为牛津大学出版社最大的英语语言教学图书的代理商之一，长期购买英语词典和教材，直到后来发生了不可避免的情况而终止合作。

同时，一个极富天赋的出版人雷蒙德·欧内斯特·布拉默（Raymond Ernest Brammah，通常被称作 REB）已经在吉隆坡建立了分支机构，出版学校教材并将作品翻译成马来语。从1955 年到 1990 年退休，REB 一直担任牛津大学出版社东亚部经理一职，乐此不疲地出版图书，并与整个地区的图书馆员、教育工作者建立联系。在漫长的职业生涯中，他将牛津大学出版社从马来西亚和新加坡等英联邦国家以及中国香港扩展到了东京、曼谷和韩国、卡塔尔等国家和地区。

麦克米伦在拉丁美洲也取得了类似的成就。克里斯·韦斯特（Chris West）是公司最有才华的企业见习生[1]之一，在 20 世纪70 年代以销售代表的身份移居墨西哥。多年来，他在该地区稳步发展英语语言教学业务，收购了墨西哥和阿根廷的一些公司，它们最终成为麦克米伦伊比利亚美洲集团（Grupo Macmillan Ibero-

---

1 Graduate Trainee，英国有专门选拔优秀应届生的项目，从几百名顶尖学生中挑选几名学生入职。

America）一家英语语言教学类出版商，但在部分市场也出版数学和科学课程的教材。剑桥大学出版社与培生、牛津、麦克米伦并驾齐驱，凭借剑桥英语证书考试的教科书占据了巨大的市场份额，全世界数百万备战剑桥英语证书考试的学生也会购买它们的图书和学习资料。

所有出版商的战略一直都是，如果你在某一个特定区域成功开发了英语语言教学业务，那么你就要接着建立一整套课程教材和资料体系，并成为一个包罗万象的教育出版商。为此，麦克米伦来到了阿根廷，收购了这个国家历史最悠久的埃斯特拉达出版社（Estrada）和帕洛斯港出版社（Puerto de Palos），这意味着麦克米伦成了中小学教材和参考书的出版商。如果不是该国周期性的政治经济危机，布宜诺斯艾利斯是一个非常适合建立出版公司的城市。那里的商业结构合理，有良好的制度和优秀的本地员工，他们的图书设计与制作都很精美。

20 世纪 90 年代，在拉丁美洲做生意自然具有挑战性，像墨西哥这样的国家，国家对学校用书有非常明确的意见且把关严格，因此政府的更换会产生颠覆性的重大变化。一个新上任的教育部长通常意味着一系列新的关系和受益方[1]，包括教材供应者。还有其他困难，如巴西是仅次于墨西哥的大市场，但是业务很难开展，部分原因是获取政府采购订单似乎需要支出不明确的额外成

---

1　通常为出版商或政府官员的朋友等。

本。另一个问题是汇率不稳定，因此很难确定工资，通货膨胀在不同时期和不同国家有很大差异。有些国家还可能发生保安从仓库里偷教材的事情。

除了特定的一代出版人之外，与在伦敦市中心或者曼哈顿地区的文学编辑相比，雷蒙德·欧内斯特·布拉默和克里斯·韦斯特实属无名英雄，如果有谁能配得上英国女王外销绩优奖，那么一定是他们。多年来，他们以令人难以置信的精力和勤勉为公司建立了一个由书商、出版商、教育工作者和作者组成的网络。他们的工作为英国创造了数百万册英语图书和相应的出口收入，很多人奔走于全世界，为英国公司拿订单。除此之外，他们的工作有着更长远的影响：一代又一代的人依然在阅读英语语言文学，欣赏英国文化。

值得赞赏的还有英国文化教育协会（British Council）。和英国广播公司国际频道类似，它几乎永远遭到攻击并面临无动于衷的英国政府的预算削减，却在英国以外的地方受到极大的重视和尊重。英国文化教育协会管理的最有效的项目之一是英语图书协会（English Language Book Society）。它为教材提供补贴，使其售价为英国定价的 1/3，主要是医学、生命科学、会计、英语和农业等学科。作者会获得可观的版税，而该项目帮助相关发展中国家得以开展正常的图书贸易活动。当我在牛津大学出版社担任医学编辑时，我们出版了《康宁汉解剖学教科书》（*Cunningham's Textbook of Anatomy*）。该书是《格氏解剖学》

（*Gray's Anatomy*）直接的竞争对手，因此我们和朗文达成了君子协定，即双方在印度市场都不会将产品交给英语图书协会。因为不管哪一本被选中，都会扼杀另一本在印度的销售。在这件事引起公平交易局的注意之前，该协会已经关闭了，这是撒切尔政府削减开支的早期牺牲品。这是一个巨大的遗憾，也是短视的做法，因为该项目极大地帮助上述地区建立了对高质量教材的需求，并让英国出版商（以及制药和其他行业）20 年后在被称为新兴市场的地方拥有了一席之地。

在这些市场工作并非没有风险。有一次，有人宣称麦克米伦在苏丹的销售代表为了帮助促成政府采购教材的订单而"主动提供奖励"，这看起来并非异常的操作。但是世界银行之前给苏丹政府提供过教育资金，这件事引起了他们的注意，从而促使英国重大欺诈活动办公室（Serious Fraud Office）展开了调查。虽然那时我已经离开麦克米伦去了布鲁姆斯伯里，但那是我在 50 年的出版生涯中唯一一次在刑事调查中被盘问，尽管非常短暂。我在麦克米伦的所有邮件都被用关键词"佣金"[1]搜索了一遍，尽管我试图向英国重大欺诈活动办公室解释，这在出版行业是一个十分常见的词语，所以它产生了数千条结果供他们查阅也就不足为奇。

实际上，虽然我协助了调查，但整件事没什么意义，他们审

---

1　英文 commission，在出版领域是一个常见且可表达多种意思的词语。

问我时，我也是这么和他们说的。这个案子由公司律师和英国重大欺诈活动办公室的会计师牵头，花费大大超过了最初微不足道的"公关"金额，（据我所知）这似乎与那位销售代表通过教育部长的司机接触他有关系。好像很少有人能理解，如果像英国的规定一样，不进行公关，在众多这样的国家开展业务是多么艰难。任何从事教育出版、制药或者医疗工作的人都能证实这一点。结局是麦克米伦向英国重大欺诈活动办公室付了一大笔罚款，主要用于支付调查费用，很多出版商也支付了类似的罚款。此外，世界银行对麦克米伦实施了为期3年的商业活动禁令，损失最大的应该是非洲的老师和学生，因为他们无法获得所需要的图书和材料了。

## 英语的支配地位

随着全球化而来并助其一臂之力的是英语作为我们这个时代通用语的崛起。如今世界上大约有14亿人说英语，英语是全球商务用语，因此也是几乎每个不以英语为母语的人的第二语言。对于美国和英国人来说，大多数人从不需要学习另外一种语言，这是一个巨大的先天优势。

这对英国出版业的影响是巨大的。英语在欧洲的支配地位尤其惊人，当布鲁姆斯伯里发布《哈利·波特》系列的最后一本时，超过100万册英语精装版是在德国销售的。

英语是全世界的商务语言，但是同样重要的是，过去 50 年里它不可阻挡地崛起，成为主流的科学和学术语言。在很多科研领域，这代表了一个重大变化：中世纪自然哲学家用拉丁文写作，启蒙运动的语言是法语，但是从 19 世纪末期到第二次世界大战，大部分领先的科研文章和书籍是用德文写作的。这反映出讲德语的科学家在这一阶段的卓越进步，这一点在物理学、生物学特别是化学领域都是如此。直到 20 世纪中期，世界上一半的科学文献是用德语写作的，到 70 年代依然如此，那时英国的化学系本科生都被鼓励选修德语课。70 年代中期，我在培格曼工作时，我们依然出版多语种期刊，也就是刊载用英语以外的语言（主要是德语）写作的文章，而且没有英语翻译。但随着英语越来越占主导地位，这种惯例在 80 年代几乎消失了。

## 海湾地区历险记

从某些方面来讲，外面的世界已经发生了翻天覆地的变化，而英国出版业的地位依然稳如磐石。所有造就了英国出版业的卓越因素一直都在于：编辑的严谨性、才华、创新和冒险精神，高质量的生产价值，设计和营销人才，但不同的是市场、商业机遇和分销渠道。

布鲁姆斯伯里在卡塔尔的投资是一个很好的例子。2008 年年初，谢赫·莫扎（Sheikha Moza）与奈杰尔·牛顿见面了，作为当时卡塔尔埃米尔（Emir of Qatar）的配偶，她担任卡塔尔基金会（Qatar Foundation）主席，并认为自己在酋长国和更广泛的海湾地区的教育和文化发展中发挥着引领作用。那时，卡塔尔正处于一个陆续复兴和开放的时期，作为其减少对天然气收入依赖战略的一部分，谢赫·莫扎希望布鲁姆斯伯里帮助其从零开始建立一个出版产业。在推进此事的同时，她的女儿谢赫·阿尔－玛雅莎（Sheikha Al-Mayassa）正兴奋地打破全世界拍卖行的纪录，花费数亿美元购买艺术品来填满她们正在建造的博物馆和美术馆。同时，其他的家庭成员正着眼于重大体育赛事，争取足球世界杯的举办并为其建造体育馆。

在谢赫·莫扎的支持下，布鲁姆斯伯里卡塔尔基金会出版社（Bloomsbury Qatar Foundation Publishing）成立了，办公室设在多哈教育城（Education City），与卡耐基梅隆等国际化大学集群相邻，伊丽莎白二世女王还为此在温莎城堡主持了一场盛大的活动。曾有一段时间，这是一个非常新奇且利润很高的项目：卡塔尔基金会拥有这家公司，但是从布鲁姆斯伯里获得了出版品牌的授权，并向其支付了一笔监管费用。公司从出版布鲁姆斯伯里图书的阿拉伯语翻译版起步，之后被说服成立了《Q科学》（*Q Science*），一个刊登中东领先科学研究的开放获取期刊出版部门。《Q科学》花了一大笔钱邀请到宇航员巴兹·奥尔德林（Buzz Aldrin）在发布会上做主旨演讲。

吸引谢赫·莫扎的不仅仅是我们的编辑技能和出版专业知

识，还有与领先的英国品牌建立联系，让人联想到卓越，就像他们花重金吸引国际化的大学是一样的。在这一点上，我们的名字尤其重要，奈杰尔给他的公司起名叫布鲁姆斯伯里真是天才之举[1]，就像多年前瓦尔特和埃娃·诺伊拉特夫妇（Walter and Eva Neurath）的灵感之选，他们将其高端艺术出版社命名为泰晤士和哈德逊（Thames & Hudson），即使这意味着瓦尔特（一个 20 世纪 30 年代来到伦敦的犹太移民）接下来的职业生涯中都会被称作哈德逊先生。

尽管这个项目和布鲁姆斯伯里都很赚钱，但该项目生命周期是有限的。当地法律规定了卡塔尔的公司雇用卡塔尔公民的最低比例，且很多高级职位必须由卡塔尔精英阶层中的富有成员担任，他们的专用司机会到办公室，替他们签到，然后马上离开，这样的例子常有耳闻。在我们协助在卡塔尔召开的所有战略会议中，我对于会议决定的落实从来不抱信心。虽然我们的确委派了优秀的编辑去那里工作，但是很难让他们长期留在那里。在一个禁酒的国家成立一家出版社带来了另一个挑战是：员工确实想办法在四季酒店找到了一家有执照的酒吧，但价格高得离谱，而且公司严禁员工的任何公费开销里含酒精消费。

最终，卡塔尔内部出现了权力斗争，统治家族的另一个成员

---

1 Bloomsbury 是著名的知识分子团体 Bloomsbury Group 的名字，也是旧时代出版业所在的伦敦主要区域。

掌权，导致了管理的彻底改变。这似乎是一夜之间发生的，资深的出版人们瞬间发现自己正在被一名年轻的卡塔尔女性监管。大部分英国员工无法接受现状而回到了英国，或者搬去迪拜工作，那里的工作环境相对轻松一些。布鲁姆斯伯里和卡塔尔的合作于2015年正式结束，如今该出版社以哈马德·本·哈利法大学出版社（Hamad bin Khalifa University Press）的名字接续，《Q科学》依然作为其中的一部分继续运营，但谢赫·莫扎希望将卡塔尔建设成为出版强国的梦想未能实现。英国之所以能成为出版中心，而世界上很多国家却不能，背后有很多因素，复制它们并非易事。

## 国际外交

我在布鲁姆斯伯里工作时，在2014年法兰克福书展期间被选为国际版协的主席。此前我是国际版协的副主席，还是英国版协和欧洲出版商联盟（Federation of European Publishers）在国际版协的代表，因此我有处理国际关系的经验，但是不总是乐在其中。我个人在为期两年任期中的首要任务是使国际版协更加国际化。该协会1896年在巴黎成立，总部在日内瓦，在其历史上大部分时间里，都由欧洲和北美的利益驱动。在21世纪的第二个10年，情况不再是如此，而最明显的缺失是中国，这个国家不仅想加入国际版协，而且是世界第二大出版市场。

当时有很多反对的声音，包括对另一个申请加入组织的沙特阿拉伯。从很多方面来讲，这些反对是可以理解的。国际版协自成立以来的两大支柱一直是版权保护和出版自由，这是言论自由这一人权的基本方面。中国在这两方面取得了巨大的进步。我职业生涯的前30年，中国几乎被英国出版商——无论是大众出版商还是学术出版商——忽略了。在《哈利·波特》第四部出版之后，一些中国出版人决定与其等待 J.K. 罗琳写完后面的内容，不如自己找作家续写这个系列，于是创作出了光怪陆离的幻想文学作品。有趣的是，这些作品又被其他中国出版商盗版了。但是，中国 2001 年加入世界贸易组织的一个前提条件是加入《伯尔尼公约》，这是保护文学和艺术作品的国际条约，中国政府态度非常坚决，在极短时间内，中国在知识产权方面从几乎法治全无变成了高度合规，对侵犯版权的人可判处长达 10 年的监禁。

　　2015 年，我们在法兰克福召开年度大会时，依然有几个成员协会持反对态度，至少在公开场合表示反对。鉴于两方的意见都很强势，我决定让讨论持续进行，直到每个人都发表完自己的看法。这是一场高度理性的辩论。我作为主席没有投票权（除非出现平局时），但是我不想让自己置身事外，因此在辩论的尾声，我发表了自己的看法，那就是这两个国家的组织都应该被允许加入。最终投票时，中国版协和沙特阿拉伯版协被接纳为会员，此举为国际版协带来了收入，也提高了它的全球化程度。

　　第二年，我们改进了国际版协的"出版自由奖"（Freedom

to Publish prize），更名为"伏尔泰奖"（Prix Voltaire），以致敬这位法国哲学家和作家。我们还争取到了赞助，每年奖金为 1 万瑞士法郎。

这种争论将永远是国际关系的核心，就在我写这一章的时候，世界各地的经济、文化和体育机构正在就是否剔除俄罗斯做决策。这样的口角往往容易登上新闻头条，但国际版协将在资深首席执行官的带领下，继续默默地做好幕后工作。它的办公地点就在日内瓦的世界知识产权组织（WIPO）旁边，领薪官员人数少得惊人，不到 5 个人，但是他们帮助确保依赖于版权保护的出版业、作者、企业以及那些（往往更大的）从专利和商标中获得价值的利益群体站在一起。世界各地的作者都在从海外销售中获得版税支票，他们可能根本不知道这在一定程度上是国际版协在捍卫他们的权益，保护他们的作品。

第十章

# 当代国际出版新观察

2019 年，也是我刚好 70 岁的那年，我在职业生涯中第一次创办了自己的公司。成立公司不是为了做大，而是想以我认为可能的方式出版图书，看看有没有我可以学习和分享的关于 DIY 出版[1]的见解。它在很大程度上依然是一个商业出版公司，没有明确的市场定位。

多年来，书商索取折扣[2]的成本和公共图书馆订单的减少，使得腰部图书更加艰难，而且通常会被更大的出版商忽视，他们倾向于关注畅销书或潜在畅销书，这带来了高额预付款的负担和更加公式化思维的危险。因此，我建立了门施出版社（Mensch Publishing），聚焦腰部产品，并遵循特定的商业准则。我只出版有全球版权的图书，因为我知道太多利润基本来自版权收入的情况。我不会支付任何预付金，但是会支付销售实洋（不是码洋）的 25% 作为版税；而且，我按季度出销售报告，不是一年两次，没有其他延误，所以钱到我的账户上后，我会立即付给作

---

1　这里指作者自己成立出版公司，全流程自己负责。
2　这里指书商给予客户的折扣，最后会向出版商索取回来，这是一种额外的成本，特别是对于销量有限的书籍。

罗杰·劳为我新公司设计的欢快社标。

者 25%。有些代理很喜欢这种做法。如果他们提的选题不适合门施（我很清楚哪些适合、哪些不适合），我通常会在 24 小时之内退稿，他们也很喜欢这种做法。

我的公司就在我家，所以办公费用很低，我个人投资了 1 万英镑作为启动资金。公司网站由马略卡岛的特里·克拉克（Terry Clark）搭建、阿德里安·唐尼（Adrian Downie）设计，花费约 2000 英镑。然后，我得为第一本书投资：编辑费用 1000 英镑、封面设计 250 英镑、宣传推广 3000 英镑。当然了，请朋友帮忙也是出版工作的一部分，幸运的是我在这行工作的时间足够长，还是能请到一些朋友的。我的老朋友罗杰·劳（Roger Law）以创作《木偶屋》（*Spitting Image*）[1]而出名，友情为公司免费设

---

1　英国经典喜剧，1984 年首次在 ITV 亮相，以讽刺和恶搞的手法刻画了政客、演员、王室成员以及名人等的木偶形象。

计了品牌标志。布鲁姆斯伯里同意管理我的印制和发行，然而我依然需要为了商业条款进行艰苦的谈判。

门施的例子说明了当今出版业的一大乐趣：入行的门槛比以前要低很多。早在 20 世纪 70 年代初的哈拉普，文本编辑工作受到极高的重视，因为修改排版文件的成本太高。1972 年，排版 1 页大约要 10 英镑（相当于现在的 100 英镑），而每一处修改至少要花费 1 英镑，这意味着 1 本 200 页的书制作成本极高，而且必须将修改次数维持在最低。书的定价由印制成本决定，在我工作的前 10 年的大部分时间里，我们一直遵循一个经验法则，即书的价格是印制成本的 5 倍左右（如今的定价比印制成本高 7~20 倍）。在牛津大学出版社这样的企业，这往往会导致错误激励。编辑们为了更高的利润而提高印数，这种愚蠢的操作在今天和当时一样普遍。

但随着印刷变得更高效、更便宜，人们已经不再这样操作了，图书定价更多取决于市场和消费者的心理预期。比原来低得多的也不仅是印刷成本。早在 20 世纪 70 年代，发行费用（主要是仓储和将图书运输到书店的费用）至少占成本的 10%，我刚入职牛津大学出版社时达到了近 20%，现在大概是 5%，当然电子出版物发行成本更低。

所有这些造就了充满活力的创业文化。在任何领域（无论是法律、医学，还是文学类虚构作品等）积累了专业知识和人脉的资深编辑都可以离开其供职的公司，开始自己创业。CGP 出版社就是一个很好的例子。该社于 20 世纪 90 年代由一位数学老师创办，在过去 20 年间已经成为可能是英国最大的基础学段教材和学习指南的出版商。

当然，事实上，出版业从来不是资本密集型产业，和制药业、制造业或影视等行业相比，出版业从不需要上述领域所需要的大量前期投资。保罗·汉姆林在 20 世纪 50 年代以 350 英镑的投资创办了自己的第一家公司，相当于现在的 1 万英镑。而很多伟大的出版企业也几乎都是白手起家，没有任何重大投资。显然，任何一本新书都有前期成本，主要是作者预付金以及编辑、营销和印刷费用，但与开发和测试一种新药物或制作一款电子游戏相比，这些成本微不足道。

因此，在过去的 50 年间，我与任何类型的第三方投资者，无论是风险投资家还是公司金融家的接触都相对较少，这也许并不奇怪。我和他们谈过业务，但往往都不成功，比如高盛集团的团队虽然能力很强，却没能帮我们售出里德爱思唯尔的图书分支。我在当代科学集团工作时，我们的计划正处于最有野心的阶段，维特克和我确实和私营投资银行 VSS（Veronis Suhler）讨论过为一些期刊收购进行融资的问题，我们（当然）希望把业务做大，然后再卖给其他出版社。VSS 很感兴趣，但显然他们要从中扣除的费用太高了，使这件事失去了意义。这是金融家一贯的做法。

更多时候，情况往往是相反的：出版被用来促进投资。培格曼是一个典型的例子。出版是其巨大的收入来源，这些收入被用作他途，如学术类教材和期刊出版带来的可靠收入让麦克斯韦尔能够投机，进行风险更高的投资以及收购其他领域的公司。后来，这些钱让他过上了奢侈的生活，他买下了豪宅、报纸、足球俱乐部和游艇，而这些最终导致了他的衰落。最后，麦克斯韦尔陷入疯狂的赌博、无法偿还的债务和可疑的财务行为。但从根本上说，最初他的商业收购和媒体帝国都是由出版的稳定收入提供资金的。

## 数字世界中的宣传推广和销售

当然，进入市场是一回事，以一定规模进入市场完全是另一回事。而现代出版业的一个特点是花钱触达市场，而非依赖书店的陈列。对于门施这种小型出版商，这需要花费大量的商业成本和管理时间。过去，出版商的主要职责是把书卖到书店，所以销售代表的角色至关重要，需要在他们身上花费相应的钱。现实是，书店没有能力像以前一样支撑大量的新书，作者也不再通过书店建立自己的名声和读者群了。尽管现在依然有蓬勃发展的书店（谢天谢地），但总的来说，读者在书架上翻阅寻找图书的文化已经不复存在了，在家用互联网就能做到这一点。

这在一定程度上与连锁书店和超市的兴起有关，没有人会想到去问森斯伯瑞超市的收银员应该带什么书去度假；但另一个原因是，市面上的图书越来越多，即使是专注于某些细分品类的书商（现在依然有很多这样的书商），对一周时间里发布的新书了如指掌也绝非易事。

不仅仅书商作为消费者选择图书的代理人和关键影响者的角色被削弱了，随着时间的推移，书评的重要性也不断降低，也许它们的重要性一直被夸大了。但是在过去，评论者是出版界的重要组成部分，全国性报刊的文学评论家和编辑是业内的重要人物，在塑造舆论导向和吸引大家对新人才的关注方面至关重要。出版社编辑和宣传推广人员的部分工作是培育这些关系，并努力使新作品进入报纸和杂志的图书版面。我们现在依然花时间给评论家寄送样书，但这是个令人沮丧的工作，因为出版的书越来越多，但是报纸留给书评的版面却越来越小。《每日电讯报》以前有一支备受推崇的文学评论家团队和大量的评论版面，现在只在周六版上有一页多一点的篇幅，仅刊登本周最受关注的几本新书。更让人沮丧的是，积极的评论并不会产生多大影响。对于编辑来说，周日下午沉浸在周末报纸刊登的赞赏有加的书评中，接下来一周却发现销量寥寥无几是常有的事。

新书发布会和派对也不会促进销量，我认为出版人一直明白这一点。但是在 20 世纪 90 年代的大部分时间里，这并没有阻止他们办这类活动，当时的宣传推广人员都是技艺超群的派对组织者。我在里德时，皮尔斯·拉塞尔 - 科布（Piers Russell-Cobb）是海涅曼的宣传推广总监，他众多才能之一就是举办顶级的文学派对，并找到一个优秀的香槟赞助商。但是不管这些活动多么有趣，多么有利于公司联络、建立行业关系网，它们都不能帮助销售很多书。如果你很幸运，或者发生了引人注目的争吵，那么可能有机会在《标准晚报》（*Evening Standard*）专栏里见报，给图书增加新闻点，仅此而已。

那么到底什么会影响图书销售呢？这么多年过去了，这个问题仍然令人抓狂，很难回答。最终，很多问题似乎都归结于（取决于你的看法）机缘巧合或宣传天才的黑魔法。门施的第二本书《变老：面对它》（*Getting Old: Deal with It*）[1]由八旬高龄的健身教练李·贾诺格里（Lee Janogly）撰写。我们安排了宣传采访，收到了大量评论，但是直到《每日邮报》的"知心大姐"贝尔·穆尼（Bel Mooney）偶然发现这本书并在她的专栏提及时，这本书才进入亚马逊榜单的前10名，而且从那之后销量稳定。几乎同一时间，我们还出版了威廉·瓦德格雷夫（William Waldegrave）所著的关于英国脱欧后外交关系的文章《三圆合一》（*Three Circles into One*）[2]。他接受了英国广播公司的王牌时事栏目《新闻之夜》（*Newsnight*）的采访，但这档节目在深夜播出，观众相对较少。直到第二天早上出现的大量社交媒体讨论（以及争论），销量才开始上涨，让我们在一周内卖出了

---

1 暂译名。
2 暂译名。

1000 册。同样，当皮尔斯·摩根（Piers Morgan）无意间发了一条推特，赞扬《亲爱的爸爸妈妈》（*Dear Mum and Dad*）[1]（第一次世界大战期间从前线寄回的信件集）时，我们一天就卖出了500 册。

更复杂的是，宣传推广显然是为了增加销量，但毫无疑问，它在一定程度上也是作者关怀——一种让作者高兴的方式，让他们觉得自己的书得到了应有的关注。这两个目标并不总是一致的，作者仍然希望举办一场奢华的新书发布会，在《泰晤士报文学增刊》上刊登书评，在 Hay 文学节（Hay Festival）上接受采访，但这些都不一定比社交媒体活动或简单地把书卖给熟悉的读者更能推动销量。

## 依靠数据做出版

即使像门施这样的小型出版商也能获取并追踪最新的销售数据，如今没有人对此表示惊讶，但我们花了半个多世纪才走到这一步。国际标准书号（ISBN）是在我参加工作前不久时刚刚出现的，取代了 1967 年发明的标准书号（SBN）。这确实很有远见，它不仅为图书产业链的每一个环节都提供了便利，而且让出版业成为世界上仅有的少数拥有全球识别系统的行业之一。这也

---

1 暂译名。

是 30 年后杰夫·贝索斯（Jeff Bezos）创立亚马逊时选择以售书起家的原因之一。

直到 20 世纪 80 年代，人们才开始认真对待数据。但对于像牛津大学出版社这样的企业来说，追踪信息一直是个问题，它每周出版约 50 种新书，每种书都有单独的国际标准书号。这些书中，每一本都有大量的相关数据，或者我们后来知道称之为元数据的数据。在培格曼，出版数据被整理并存储在我们当时最先进的微缩胶片系统中，但计算机化使存储变得更加容易。而且随着出版商对这些系统的驾驭程度越来越高，他们开始希望在每种书上附加更多的数据，如图书馆分类或营销推广链接。

这种想法遭遇了很多阻力。我刚从事出版工作时，我所拥有的自然科学学位，以及至少（理论上讲）一定程度的计算能力和分析推理背景是业内不常见的。正相反的是，我几乎所有的同事，不光是编辑，都精通人文学科。这不仅是简单地表明他们在大学里学习了什么，还是一种身份的标志——一种将出版商同工业家、技术官僚区分开的荣誉标志，后两者往往具有工程、数学和金融背景。有些编辑甚至以他们算数和会计知识的缺乏为荣。

对于这一代的大多数出版人来说，"依靠数据做出版"是一个常见且含贬义的表达，它被随意用在那些把销售预测、生产成本或预算置于编辑质量之上的人身上。但到 20 世纪 80 年代，情况开始发生变化，一些能力很强的出版商，特别是牛津大学出版社的金·斯科特·沃尔温意识到生成和分析数据的新方法可以帮助他们的出版事业更加成功。一个关键时刻出现在 1987 年：弗朗西斯·班尼特（Francis Bennett）成立了图书数据公司（Book Data），以丰富现有的书目数据，这些数据长期由惠特克（Whitaker）出版的《英国在版书目》（*Books in Print*）和《英国国家书目》（*British National Bibliography*）提供。图书数据公司储存着图书的全部信息：开本、出版日期、推介语、关键词检索、市场[1]和其他很多由出版商提供的信息（牛津大学出版社是该公司早期的支持者），因此该公司可以生成一个供书店使用的通用数据库。2005 年，尼尔森（Nielsen）收购图书数据公司之后，该系统可以与零售商录入的信息相结合，以提供丰富的销售数据。

图书出版现在更偏向科学而非人文学科了吗？广告业也出现了类似的现象，传奇式的创意总监正被数据分析师所取代。可以肯定的是，出版业在销售方面比以前更加透明了，在数字化和系统化数据收集出现之前，实际上很难确定大家的书卖得如何。早在 20 世纪 70 年代，朗文集团首席执行官、当时最杰出的出版人之一提姆·里克斯（Tim Rix）曾告诉我，要想知道竞争对手的书卖得好不好，最好的办法就是请作者出去吃顿午餐，作者会分享销售数据，抱怨出版商多么无能（销量低），或认为自己多么了不起（销量高）。要知道自己的书的销量甚至都不那么容易，这意味着出版商的重要技能之一，是令人信服地撒谎或者

---

1　这里指地域、人群等。

至少夸大其词。英国出版界传奇人物乔治·魏登菲尔德（George Weidenfeld）从来不会让实际销售数据妨碍他对畅销书的宣传[1]，并凭借这种宣传签下了 20 世纪众多最伟大的文学作家。但现在已经不可能这么操作了，任何出版业的人都能登录尼尔森图书调查系统（Nielsen BookScan）查到某本书以何种价格销售了多少册的准确数据。

在学术出版领域，定量分析的水平完全处于另一层次，远远超越了像销售这种简单直接的事情。20 世纪 60 年代，美国语言学家和原始信息科学家尤金·加菲尔德（Eugene Garfield）创建了科学引文索引数据库（Science Citation Index ），作为衡量科学思想传播的一种方式，也被称为期刊的"影响因子"。作为一个有独创精神的企业家，加菲尔德在此基础上建立了许多出版业务，包括《现刊目录》（*Current Contents* ），让科学家们可以通过快速浏览一本杂志，就对他们所在领域的最新进展有一个大致的了解，而它的原始形式只是几百种生命科学期刊目录页的简单再版。科学引文索引数据库现在归科睿唯安（Clarivate）所有，收录了自 1900 年以来的近万种重要期刊。但科学引文索引远非独一无二的此类行业指数，其他衡量关注度和影响力的指数几乎已经自成一个行业，每年似乎都会有新的衡量一篇期刊文章是否成功的方法被发明。

---

1　在尼尔森系统发明之前，一些出版人声称自己的图书是畅销书，但其实大多不是。

# 和代理人达成和解

门施大概一半的作者都是由文学代理人代理的。书写一部现代出版史的时候，如果能不提代理人就太好了，但我应该先说一句，过去 30 年间，我有幸和很多或者至少一些受人尊敬又有才华的代理共事。说 30 年是因为至少在我职业生涯的前 20 年，我几乎不知道他们的存在。这在一定程度上反映了我当时所从事的出版工作的类型，但我也感觉到，在过去的半个世纪里，文学代理人的数量急剧增加。早在 1972 年，我甚至不知道还有文学代理人这一群体。作家撰写图书，出版商策划、编辑、制作和推广图书，印刷厂印制图书，书商售卖图书，代理是做什么的呢？很长一段时间内，这都是个谜，在某种程度上，它现在依然是。

代理人一个很奇怪的特点是，虽然他们在商业上代表作者，被他们的经济利益所驱动，但他们居然可能跟作者一样毫无理智。代理人的观点和决策往往不是出于个人原因，而是经济原因，他们很有可能和他们所谓的极度敏感的"才能"一样，喜怒无常、小肚鸡肠。

当我在里德的老同事查尔斯·皮克（Charles Pick）成为一名文学代理人时，我真切地体会到了这一点。在海涅曼出版了畅销书作家威尔伯·史密斯的作品多年之后，皮克直接成了威尔伯的代理。事实上，在他最后一个委托项目中，他的处境很尴尬，要在合同的双方签字：一方代表出版商，一方代表作者。后来，皮克把威尔伯·史密斯从海涅曼转到了麦克米伦，但当他发现我即将成为该公司首席执行官时，他感到愤愤不平[1]，威胁要把威尔伯转到另一家出版商，但他实际上没这么做。查尔斯去世后，我和威尔伯见了面，很合得来，我们之间的出版关系非常好，而且成了朋友。

但是代理和编辑、作者一样，都是行业的特性，而且和他们共事也是工作的一部分。早在 20 世纪 80 年代初，牛津大学出版社就想策划一本包含社会、经济和文化主题的马克思主义教材。那是马克思主义题材还能畅销的年代，我们为此慷慨提出了2000 英镑预付金的报价，但是这位学术作者坚持让我们通过他的代理迈克尔·希松斯（Michael Sissons）和他谈判，迈克尔当时已经是业内知名人物了。我给这位作者写信，抄送了他的代理，解释道，在这种特殊情况[2]下，我们需要减少预付金，因为代理人的介入会不可避免地导致拖延和更多管理费用。不出所料，希松斯非常生气，但我们坚称这没有商量的余地，结果他接受了更少的预付金。当然，作者也遭受了支付佣金给代理的损失。

没过多久，希松斯就报复了回来。我们当时委托小说家玛格

---

1　据本书作者介绍，当初查尔斯·皮克把威尔伯·史密斯的版权从海涅曼转到麦克米伦，部分原因是作者在海涅曼时和皮克大吵了一架，所以当皮克发现作者又要去麦克米伦任首席执行官时感到很气愤。
2　"特殊"指的是出版商要通过代理进行谈判。

丽特·德拉布尔（Margaret Drabble）编辑新版《牛津英国文学辞典》（*Oxford Companion to English Literature*）。制作一部如此重要的参考书是一项漫长的工作，因此，当项目还处于早期阶段时，我做了一个我认为很好的附带交易：将这本辞典已绝版的第一版授权给了保罗·汉姆林。作为德拉布尔代理的希松斯听到了风声，坚称这会影响未来新版的销量，他想办法制造了一场争论，我们不得已同意停止了第一版的授权。保罗·汉姆林十分绅士地让我取消了合同且没有收取任何违约金。后来因为其他出版业务，我和希松斯很快把之前的怨恨抛在脑后，达成了合作。从那之后，希松斯作为马里波恩板球俱乐部的董事，会带我去洛德板球场看比赛。这件事的经验，也是生活中的经验，就是不要让怨恨阻碍生意。

抛开个人争斗甚至友谊不谈，随着时间的推移，代理人的重要性逐渐增强，其角色也扩大了，除了确保合理的协议条件条款等核心职责之外，还需要与作者合作、开发版权交易、贡献营销创意。同时，文学代理人的佣金也持续大幅增长。按照传统，出庭律师的书记员，本质上是其代理，每几尼[1]提取 1 先令，也就是 5% 作为报酬。当我开始从事出版工作时，大多数代理也是这个标准，但很快上升到 10%，现在的标准是 15%。这是一个巨大的增幅，和出版价值链的其他环节（印刷厂、分销商等）相比，

---

1　几尼（guinea），英国旧时货币单位，价值 21 先令，现值约 1.05 镑。

这是相当明显的，而上述环节的份额已经下降。为了证明增长的合理性，代理不得不替作者承担更多的工作：接管有声书和翻译版权，至少从数字版权开始。出版商被剥夺的权利越多，承担的责任就越少，而出版商已更多地成为融资者和营销者，而不是编辑和出版合作伙伴。

## 按需印刷和图书退货的魔咒

现在门施一半的图书都是按需印刷的。它们不是通过常规分销渠道发行的，背后也没有销售团队，不会在书店里大面积上架，但人们会基于推广信息和口碑购买。

虽然在某些方面依然存在阻力，但是很多反对按需印刷的论断已经站不住脚了。有一段时间，人们对按需印刷在设计、生产价值以及是否能达到传统印刷的质量等方面有所担心。但这应该不再是一个顾虑，门施的图书有些是按需印刷，有些不是，当我发行这些书时，即使是业内人士也看不出它们的区别。当然，简单从生产角度看，按需印刷的单册成本更高，但它不需要批量印刷高昂的前期成本，重要的是省去了很多仓储和物流成本，当涉及国际发行时，这一点尤其重要。目前，要在全球同步出版一本书，出版商需要至少 3 个月的时间才能将库存送到所有目标市场，但如果是按需印刷，人们可以发送电子文件，并在需要的时间和地点印刷。

在这方面，按需印刷有助于解决现代出版业的一大魔咒——图书退货。在我早年的出版生涯中，这从来都不是一个问题，因为图书销售都是"不退货"的，除非有特殊的原因，比如印刷错误，否则买家（比如书店）就不应该退货。书商们会到当年霍尔本街的哈拉普办公室柜台取书，很少会退书。但到20世纪90年代，这种情况开始发生变化。

随着超市和高街连锁书店开始占据主导地位，它们会下大量订单，因为允许将卖不掉的库存退货，与独立书店不同的是，它们对自己的市场没有足够的了解，也不像独立书店那样密切监控自己的进销存。出版企业也顺应了这一趋势，过于渴望获得大订单，不管交易条款是什么，而这样做的后果是灾难性的。随着不退货这一原则不再适用，现在图书经常被大量退回，由于通货膨胀，退货的书商甚至以高于订书价的价格退货而获利！

虽然出于商业原因，出版商迫切需要解决这个问题，但采取行动的另一个驱动力是气候变化，以及出版达到"零碳"的必要性。目前，印刷和分销系统对环境的影响是不可接受的。用木材生产原纸是高能耗产业，印刷行业被认为占全球能源消耗的4%。除此之外，生产原纸需要大量的水，据估计生产1张A4纸需要10升水。

几个世纪以来，牛津大学出版社都是在牛津郊外自己生产纸张的，毫无疑问，以现代标准来看这样做效率很低，但产纸的方式是水磨驱动，而且纸厂离印刷厂很近。进口纸张以及把它们外包给全国各地印刷厂，降低了成本，却增加了环境足迹。过去 30 年间，随着越来越多的英国出版商转向离岸的亚洲印刷厂，生产和运输带来的碳排放是以前的很多倍，再加上运输退货的碳排放，这就成了一场环境灾难。

20 世纪 90 年代中期，我到澳大利亚出差时，拜访了位于墨尔本郊外的物有所值图书公司（Budget Books），该公司是里德从其创始人昂加（Ungar）家族收购的。这是一家面向超市和报刊经销商的大众童书出版商，公司的首席执行官罗伯特·昂加（Robert Ungar）带我们参观了现代化的、井然有序的办公室，接着，在我的坚持下，参观了隔壁的库房。在库房，我看到了一大堆布满灰尘的科幻小说和西方平装书，大多数是 20 世纪 50 年代的。昂加说这是他从一家美国滞销书书商那里便宜买的，我告诉他把这些书全部处理掉，它们和公司业务无关，还占地方。1 年后，我再去的时候，库房清理干净了，它们不见了，但是当我在这趟差旅中接着去新西兰的海涅曼公司时，惊讶地发现那些库存被挪到那里了。海涅曼新西兰公司的总经理告诉我，他从物有所值图书公司便宜买下了这些书。我大为光火，告诉他，这些书在美国好几家出版社都卖不出去，在澳大利亚也卖不出去，现在在奥克兰也卖不出去。我对他说，这些书必须到此为止了。"啊，不，"他回答说，"你忘了库克群岛。"

谁知道它们现在是否还在南太平洋地区流通呢？但情况仍然是这样的，大量图书在海外印刷，带回英国，分发到世界各地的书架或在仓库里积灰，然后又送回国内，最后被化浆。几十年来，不断转移库存造成的碳足迹相当严重，出于商业和环境考虑，这种情况必须终结。

## 你如何评估一家出版社的价值

在我写本章时，布鲁姆斯伯里的股价为每股 430 便士，市值 3.5 亿英镑，最近一年[1]的年收入为 1.85 亿英镑、利润为 2700 万英镑。这一切看起来都很健康，但这家公司到底价值多少钱？

经过多年从业经验和在哈佛商学院的一些财务培训我才意识到，一家出版公司的利润表的可塑性有多么大。在很多情况下，公司各部门的收入和亏损在一定程度上反映了公司内部政治。谁对分摊的管理费用抱怨最强烈、最有说服力，谁的利润就越高。

纵观历史，大众图书出版业是一个典型的低利润行业，但也几乎没有哪个出版商破产。通常的情况是，在他们破产之前就被收购了，而且价格不一定很低。费德里克·沃恩公司（Frederick Warne）是一家经营不善的儿童和自然历史图书出版商，当时已濒临破产，在 20 世纪 80 年代初被企鹅集团以数百万英镑的价格收购。收购的原因是众多合同中隐藏着比阿特丽克斯·波特（Beatrix Potter）的作品。一家出版企业的价值不一定在损益表

---

1 作者写作本书时是 2022 年。

或资产负债表中体现，更多的是作者合同这样的无形资产，虽难以估值，但是它比上一年的利润或分红更加持久。

那么门施价值多少呢？在最近一年[1]的完整账目表中，其营业额约为 15 万英镑，利润约为 4 万英镑（在付给我任何报酬之前），公司有 20 个选题储备，而且规模还在扩大，还有相关的库存，所有产品都有完整的版权期限[2]和所有语言的全球版权。大多数图书销量很小，部分销量稳定，任何一本书都可能因为新闻报道或社交媒体的提及而意想不到地大卖。最近一位好莱坞制作人准备将其中一本书拍成电影，10 年之后或许有另一本书被改编成影视作品。当然，门施也有一些负债——仓储成本和支付版税的管理系统。

我想说的一点是，对于这家我 70 岁那年创办的"生活方式型企业"来说，至少从理论上讲，有可能成为一家能够以大约 10 万英镑价格出售的出版公司，也就是本公司年收入的 2/3。另一点是，这类企业的价值非常难评估，出版商大量的精力都集中在预估图书销售和收入上，往往没有认真考虑知识产权以及作者合同的价值。

---

1　指 2022 年。
2　完整的版权期：截止到作者去世后的第 70 年的 12 月 31 日，中国的版权期限为作者去世后第 50 年的 12 月 31 日。

## 不断变化的伦敦出版业版图

门施的办公室是我位于哈克尼区家中的书房。白天,附近的咖啡馆为我提供咖啡和补给,我还拥有我所需要的全部计算和通信设备。现在居家经营企业已经是一种常见做法了,新冠肺炎疫情之后更是如此,我从来没有考虑过在伦敦市中心设立一间办公室。这些变化太明显了,有时候很难意识到事情发生了多大的变化,也很难意识到伦敦出版业曾经有一个"中心"。我刚在哈拉普工作时的情况是,如果你在出版业工作,那么你几乎肯定在伦敦西区、布鲁姆斯伯里或附近办公,就像如果你在报业,那么你肯定会在弗利特街工作一样。这在一定程度上是因为这些地方离主要的书店很近。但是 50 年对于房地产行业来说是很长的时间,而伦敦的经济版图和 1972 年大相径庭,很难想象一家出版社曾经是米其林大楼的主要租户,现在这栋楼租户基本是财务顾问和基金经理。

2002 年,我当时在麦克米伦,我们在维多利亚区埃克尔斯顿街的办公室租金涨价了,于是我们决定搬到国王十字区。我们在新码头路的运河附近找了一块地方,离我们已经收购的自然集团很近。这里原来是一家生产廉价珠宝的工厂。我们花了 90 万英镑买下了这块地的永久产权,又花了 300 万英镑对其进行了净化和装修,最终形成了可容纳 200 人的办公空间。当时这远不是一个受欢迎的举措：大家非常不愿意离开 SW1[1]，且国王十字区是一个以卖淫和街头犯罪而臭名昭著的地区。该地区另一家出版社费顿（Phaidon）规定，如果女员工晚上 7 点后离开办公室，可以公费打车去车站，虽然距离只有 300 码。在 20 年后的今天看来，购买自然集团的办公室是麦克米伦最成功的投资决策之一，它现在众多的邻居中有谷歌、脸书（Facebook）等。

伦敦已不像 50 年前那样有一个真正的出版中心，出版社现在已经没有必要挨着查令十字街的书店了，书商在出版社进进出出订书的日子已经一去不复返。尽管如此，布鲁姆斯伯里地区依然保持着它的重要性，而且令人惊讶的是大量出版企业依然位于离当年哈拉普办公室几扇门之隔的地方，虽然我怀疑现在的编辑们是否还会在午餐时去路易斯公主酒馆喝一杯，而斯诺克俱乐部则已经关闭了。

有一件事一直没有变，那就是伦敦对于英国出版业独特的重要性。很难想象还有哪个行业和首都的关系如此密切，无论是金融服务行业还是广告业。牛津和剑桥是国际公认的学术出版和教育出版中心，除此之外，作为大众出版中心，伦敦没有竞争对手，尽管有些大公司偶尔会在首都之外播种。

这既是问题所在，也是英国出版业成功的原因。可惜的是，无论一名年轻编辑或出版人多么才华横溢，他们都必须来到伦敦

---

1  英国邮编的组成部分，SW 代表方位，1 代表街区，数字越小，离市中心越近。

才能在行业内有所发展，如果他们在大众出版领域工作就更是如此了。从另一方面来看，正是伦敦高度集中的出版活动，密集的关系网络，编辑、制作和版权谈判方面的专业技能，以及其他种种，让英国出版业成为一股强大力量。尽管技术和通信发生了革命，但上述情况与 1972 年基本相同。

## 后脱欧时代的国际出版商

我的出版生涯几乎刚好和英国加入欧盟的时间吻合。1972年 1 月，我入职哈拉普的当月，时任首相爱德华·希思签署了一份协议，为英国加入欧洲经济共同体（European Economic Community）铺平了道路。49 年后，在 2021 年年初，英国正式退出了欧盟（European Union）。在这期间，无论怎么说，我都是一名欧洲出版人，不管从英国、荷兰、德国出版社的所有者，我共事的编辑和同事们，还是我出版的选题的主要市场和读者群的角度来说都是这样。我参加过约 50 届法兰克福书展，一直很喜欢它的国际化和多元文化价值。

大家经常谈论英国尤其伦敦，是否还和原来一样是全球出版的中心，我也对此产生了怀疑，尤其是近几年。其中一个显而易见的原因是，英国脱欧的影响在很大程度上仍未完全显现，但我们的行业已经因为横亘在英国与欧洲大陆巨大的创造力和市场之间的壁垒而变得不如从前了。

对于出版来说，有些事情需要给予特别关注和重大关切。首先，脱欧运动很大程度上是由镇压移民和"逃离"欧盟自由流动制度所驱动的。无论英国脱欧派（确实有那么一些人）怎么说，这已经导致了更严重的种族主义、"不善之地"政策（hostile environment policies）[1] 以及贿赂外国接纳逃往英国的移民的荒谬行为。这不仅不人道，而且严重背叛了这个国家的价值观：当年，在世界上众多国家陷入独裁主义之时，正是英国欢迎了我来自东欧的祖父母，并给了他们重建生活的机会；还有我深感自豪的在文化、科学、商业和教育方面的多样化社会，也是这个国家在20 世纪下半叶建立起来的。

这些让任何一位在这一阶段观察英国出版业的人都感到痛心。"二战"之后，一个恒久不变的话题是欧洲移民的聪明才智、精力和创业精神是如何在出版行业的转型和发展中发挥重要作用的，无论是科技期刊出版、艺术史出版，还是咖啡桌读物市场，伟大的创新者都是移民。他们中的很多人，如保罗·汉姆林、瓦尔特和埃娃·诺伊拉特夫妇、安德烈·德意志（Andre Deutsch）、罗伯特·麦克斯韦尔和欧内斯特·赫克特（Ernest Hecht）都是当时寻求庇护的人，他们逃离压迫和暴力，除了自己的才能和职业道德之外一无所有。停止流动、停止保护难民，使未来像保罗·汉

---

1 这种政策始于 2010 年保守党一自由民主党联合政府治下，是英国政府为了减少来自海外的移民数量采取的一系列严控手段，以及通过强制高压的方式针对英国国内的非法移民，使其陷入无法居留的情境之下的移民政策的统称。

姆林这样的人几乎不可能来到英国，这些是削弱英国出版业和很多行业长期前景的"妙计"。

另一种必然会摧毁出版业未来的，是政府愚笨的做法让我们更加远离欧洲各行各业的行业准则和工作实践。由于要迫切找到脱欧和从全球最大的单一市场退出的好处，有关调控差异的讨论已经有很多了，但对于出版业来说，最重要的法规与知识产权相关，而它们必须通过跨国机构达成共识，而非受制于英国政府对国际法律的狭隘的厌恶。

2022 年的理查德 · 查金。

附言

# 50 年出版人生感悟

在文学世界中，几乎没有什么比一个出版人自私自利的回忆录更糟糕了，尤其是当回忆录详述了"过去的美好时光"，那时候每件事、每个人都比现在好。我对这种神化表示怀疑，而且我认为自己十分幸运，能够在一个过去 50 年里总体上在发展进步的行业工作，而且我相信未来它会更好。在本书的末尾，我想总结一下这些进步，排名不分先后。

## 出版业的人

最重要、最积极的巨大变化之一（至少在盎格鲁—撒克逊出版界）是高管职位从几乎全部是男性担任到超过一半由女性担任，这场革命从 20 世纪 70 年代悄然开始一直延续到现在。相反，现在如果想要在执行董事会上实现性别平等，那么只能通过男性替代女性来实现。

值得庆幸的是，现在对性取向少数群体的偏见很少甚至几乎没有了，至少我在很多年都没有观察到过。至于种族问题，毫无疑问有所改善，但是进展很慢且不稳定。由亚洲的企业家创办或管理的企业数量显著增加，犹太少数族裔一直在出版和其他传媒行业中发挥着重要作用，但迄今为止，非洲—加勒比地区的人参与相对较少。

行业劳动力中其他明显的不平等现象的改变不是很成功。我刚参加工作时，编辑们都是在私立学校和牛津大学、剑桥大学接受教育的，当时绝对是一种行业标准。这种情况已经有所改变，但变化没有人们希望的那么大，男性、女性都是这样的。这是一个复杂又具有挑战性的问题，争议之处是：是否存在对工薪阶层员工明显的经济或社会偏见？是不是年轻人为了从事更赚钱的职业而做出的选择？

## 企业

我职业生涯最早的 3 场面试分别是霍德与斯托顿、威廉·柯林斯和乔治·哈拉普公司，都是家族企业，的确，在前两个公司面试我的都是家族成员［菲利普·爱登堡（Philip Attenborough）和马克·柯林斯（Mark Collins）都拒绝了我］。在 1972 年时构成出版行业的许多王朝后来都被合并、解散或只是因为后人不想

继续干被处理掉了 [1]。许多人对于国际出版业现在已合并为四大集团感到遗憾，随着历史悠久的独立出版社的消失，我们无疑失去了一些东西（不过值得一提的是四大集团中的两家，麦克米伦和企鹅兰登书屋，现在其实由家族所有）。但这样的好处是，这些机构的体量能够让小型出版社蓬勃发展，因为小机构管理成本较低、具有个性化才能、反应速度快。

在出版业（无论是大众图书、学术期刊还是教科书），顶级公司之间的竞争异常激烈，它们为了作者、读者、技术创新、流程改进而竞争，这带来了更好的服务和盈利能力。的确，体量最大的公司往往缺乏产品创新，但这刚好可以由小型或初创企业来补足，很多小公司十分乐意在时间和价格都合适时把自己出售给大公司。

排版、编辑和数字发行的技术革命使得建立一家新的出版企业相对便宜且容易了。与很多行业相比，出版业的门槛很低。当然，大部分小型出版商最终都会陷入困境，但是通常会有另一家公司渴望获得额外的收入或者开拓新的业务，并愿意至少以有形资产价值（有时更多）的价格收购企业。这是一个健康的生态系统，我不认为创意会终止。

---

1　王朝指的是家族企业，下一代家族成员可能对业务根本不感兴趣。

## 技术

在我职业生涯初期根本没有电脑，但现在离开电脑我们都无法生存。最大的变化发生在 20 世纪 90 年代，那时计算机技术从单纯处理数字进化到了可以处理文字和图片。事情在飞速发展，但我认为我们在呈现信息、寻找读者、为作者创造收入和提高内部效率等方面还处于刚刚开始寻找新方法的阶段。虽然纸质产品将继续是出版业的主要组成部分，但增长将来自数字应用。

随着减少二氧化碳排放量的必要性越来越清晰，出版人的责任也越来越重。从生产到销售，此间图书要经过大约 20 道流程：把书装到船上和飞机上，运往遥远国家的读者手中，然后把它们高高地码在书店里，最终它们又被退回并化浆。这些现象必须改变，比如通过分布式打印、按需印刷和与零售商谈判更严格的零售协议等，这些改变不仅会有益于我们的星球，还会提高图书的利用率和出版商的底线。

## 市场

我一直都很庆幸自己出身和受教育都是在英语环境中，这在各行各业中都具有巨大的优势，尤其是出版业。以 21 世纪的世界语制作图书和期刊，能够让我们触达世界的各个角落，但是我们才开始意识到这一点。很多出版商还在按照国家而不是语种划分世界，这样做带来了不必要的复杂性和成本。英语图书的属地著作权正在受到侵蚀并将在不远的将来完全消失。

随着全世界识字率的提升和世界人口不可阻挡地增长，知识产权市场的规模也会随之增大。现在依然有很多待开发的市场，比如非洲、拉丁美洲和亚洲。在培养孩子阅读习惯方面大有可为，但是已经有一些优秀机构有能力并且已经在支持全民识字事业了，主要是慈善基金会，有时也有见识卓著的政府机构。

## 作者

对作者来说，还有比现在更好的时代吗？传统出版方式（通过文学代理人和出版社）给作者造成的障碍可能更大了，但是自出版、播客和社交媒体所带来的机会让写作和出版蓬勃发展。当然，大多数图书的收入不能维持生计，但是它们都可以在其他方面创造价值。

比如：希望分享研究成果的科学家现在能在发布成果后的几秒钟之内触达全球各地的数百万同行；英语教材可向所有高中和大学的学生开放使用；对诗人而言，在他们的作品入选畅销选集之前，可以在美国新闻订阅平台（Substack）或类似的平台上通过朗诵其作品建立自己的读者群；少儿读物可以同时以所有相关语种出版；随着出版成本的下降和机器翻译的普及，那些用成千上万种少数民族语言写作的作者会持续受益。

此外，其他媒体（电视、电影、电脑游戏等）也在不断汲取作者的创造力，这一点越来越明显。对于那些有故事可讲或者有重要信息分享的作者来说，这将成为另一个收入来源，这不仅扩大了市场，也延长了一本书的寿命。

## 最后

并不是所有已经发生或者将要发生的事情都是利好的，对公共图书馆支持的减弱就是一个例子。还有比从免费资源库即图书馆学习更好的"升级"机制吗？但是，至少在英国，政府支持力度减弱，导致图书馆质量下降，进而又使它们对读者的吸引力降低，形成了下行螺旋，这令人沮丧。免费信息的增加也许会在一定程度上缓解这种负面影响，但是我感觉我们正在面临丢失最重要的一种文化黏合剂和社会流动性驱动力的风险。

我还能指出其他负面影响，比如作者忠诚度的减弱、正常商务礼仪的缺乏、律师以及他们复杂合同的影响力越来越大、技术寡头的力量和与日俱增的自我审查现象，但写作、阅读和出版的未来依然是有保障的。机遇远比威胁要多得多（尽管有些威胁，比如对版权的威胁依然存在）。写作的世界是强大的、蓬勃发展的，是越发高效和有益的。过去 50 年中我参与的几乎每一本书，从《单峰骆驼解剖学》到麦当娜的《性》，都在某种程度上为人类的成就、知识和快乐做出了贡献。我敢肯定，50 年后开启自己职业生涯的出版人也会说出同样的话，而且他们的职业生涯会比我更有趣、更有意义。

# 后记

如果你已经读到这里了，我想再稍微考验一下你的耐心。

这本书是我的一大乐事。我之于汤姆·坎贝尔，就像哈里王子（Prince Harry）之于 J.R. 莫林格（J.R.Moehringer，哈里王子回忆录的代笔作者），是汤姆一直在推动这个项目，让我可乐但真实的故事跃然纸上。

很多同事慷慨地充当了非正式的审稿人，提出了建设性的意见，避免了我因记忆错乱或明显错误而出丑。这些同事们有弗朗西斯·班尼特、帕特里克·布林德尔（Patrick Brindle）、鲍勃·坎贝尔、托比·查金（Toby Charkin）、尼克·克莱（Nick Clee）、斯蒂芬妮·邓肯（Stephnie Duncan）、亚当·霍奇金、菲利普·琼斯（Philip Jones）、费安格（Angus Phillips）、安东尼·托平（Antony Topping）和西蒙·拉滕（Simon Wratten）。

此外，我还要感谢成千上万名同行、作者、客户、供应商，是他们让我在这个行业的 50 年收获如此丰硕，让我被温暖的友谊包围。

现在，你可能已经注意到本书没有索引。文学代理人贾尔斯·戈登（Giles Gordon）的回忆录就没有索引，他解释说，他希望大家去买书，而不是仅仅在索引里找自己的名字。如果他们的名字没有出现在索引里，他们就不会买书；如果名字出现了，他们就会去看相应的页面，然后把书放回书店的架子上。贾尔斯是个聪明人，我也跟着他这样做，只是想说，如果你买的是电子书，那么你想搜索多少名字都可以。

## 图书在版编目（CIP）数据

亲历世界出版 50 年：国际出版商协会主席理查德·查金自传 /
（英）理查德·查金，（英）汤姆·坎贝尔著；
蔡漾潇译. -- 北京：中国青年出版社，2025. 1.
ISBN 978-7-5153-7674-5

Ⅰ . K835.615.42

中国国家版本馆 CIP 数据核字第 2025QQ9047 号

版权登记号：01-2025-0320

Text © Richard Charkin and Tom Campbell 2023
Simplified Chinese translation rights arranged with Marble Hill Publishers
Through China Youth Press

亲历世界出版 50 年：国际出版商协会主席理查德·查金自传
QINLI/SHIJIE/CHUBAN/WUSHI/NIAN: GUOJI/CHUBANSHANG/
XIEHUI/ZHUXI/LICHADE/CHAJIN/ZIZHUAN

作　　者：[英]理查德·查金 [英]汤姆·坎贝尔
翻　　译：蔡漾潇
校　　译：章思英
责任编辑：郑卫明
封面设计：张志奇
内文设计：瞿中华

出版发行：中国青年出版社
社　　址：北京市东城区东四十二条 21 号
网　　址：www.cyp.com.cn
编辑中心：010-57350536
营销中心：010-57350370
经　　销：新华书店
印　　刷：北京盛通印刷股份有限公司
规　　格：880mm × 1230mm　　1/32
印　　张：8.625
字　　数：19.5 千字
版　　次：2025 年 3 月北京第 1 版
印　　次：2025 年 3 月北京第 1 次印刷
定　　价：79.00 元

如有印装质量问题，请凭购书发票与质检部联系调换。
联系电话：010-57350337